足够

ENOUGH

True Measures of Money, Business, and Life

[美] 约翰·博格(John C. Bogle)著

高源 译

中信出版集团 | 北京

图书在版编目（CIP）数据

足够 / (美) 约翰 · 博格著 ; 高源译 . -- 北京 : 中信出版社 , 2021.8 (2023. 2 重印)

书名原文 : Enough: True Measures of Money, Business, and Life

ISBN 978–7–5217–3325–9

Ⅰ. ①足… Ⅱ. ①约… ②高… Ⅲ. ①投资－基本知识 Ⅳ. ① F830.59

中国版本图书馆 CIP 数据核字 (2021) 第 146613 号

足够

著者：[美] 约翰 · 博格
译者：高源
出版发行：中信出版集团股份有限公司
（北京市朝阳区东三环北路 27 号嘉铭中心　邮编　100020）
承印者：　北京通州皇家印刷厂

开本：787mm × 1092mm　1/16　　印张：13.5　　字数：126 千字
版次：2021 年 8 月第 1 版　　印次：2023 年 2 月第 2 次印刷
京权图字：01–2020–4405　　书号：ISBN 978–7–5217–3325–9
定价：69.00 元

服务热线：400–600–8099
投稿邮箱：author@citicpub.com

目　录

人生

结尾：什么是“足够”

序

在谢尔特岛的一个亿万富翁聚会上，库尔特·冯内古特告诉他的朋友约瑟夫·海勒，宴会的主人是一位对冲基金经理，曾创造单日盈利超过海勒最负盛名的小说《第二十二条军规》一书全部版税收入的战绩。海勒回应道："没错，但我已经拥有了他永远无法拥有的东西——知道什么是'足够'。"

足够。这个简单的词语蕴含的哲思令我愕然，原因有两层：其一，生活对我的恩赐实在是很多；其二，约瑟夫·海勒说得再准确不过了。对社会中的每一个基本单元，包括我们中许多最富有且最有权势的人来说，"足够"似乎都是没有上限的。

我们生活在一个既美好又悲哀的时代——美好之处在于，民主资本主义带来的福祉从未在全球范围内得到如此广泛的分配；悲哀的是，民主资本主义的过度泛滥从未像今天这样暴露无遗。我们能在持续的危机中看清楚这种过度现象（这并非极端的描述[1]），它存在于过度杠杆、过度投机的银行和投资银行业中，甚至存在于两家巨无霸型的政府资助（已上市）的抵押贷款机构房利美和房地美中，更不用提顶级对冲基金经理每年赚的数十亿美元的高薪以及支付给我们国家面目可憎的（没有其他的形容词可以说明）上市公司首席执行官（CEO）的报酬——包括失败的首席执行官，往往是在他们被扫地出门的时候。

持续蔓延的贪婪威胁着我们的金融系统和企业界，其影响远不止金钱。对“足够”缺乏了解颠覆了我们的职业价值观。它使那些本应被委托的投资受托人成为销售员。它把本应建立在信任基础上的系统变成一个以计算为基础的系统。更糟糕的是，这种关于“足够”的困惑使我们在更广阔的生活中误入歧途。我们在追逐成功的假兔子；我们常常向那些转瞬即逝而最终毫无意义的事物低头，而不去珍惜那些无法被量化但其实是永恒的东西。

我想，这就是约瑟夫·海勒在“足够”这个简单却强大的词语中捕获的信息，它不仅意味着我们对财富的崇拜和职业道德的日益败坏，而且代表着财富对我们人格和价值观的颠覆。所以，这就是我思考的起点，我很清楚：我的生活是

1　根据国际货币基金组织的说法，这次危机是“自大萧条以来美国遭遇的最严重的金融危机”。

如何塑造我的性格和价值观，以及我的性格和价值观又是如何塑造我的生活的。正如你将看到的，我已经在很多方面被给予得足够多了。

成长

可能从血统谈起是最好的方式：纯正的苏格兰血统，这或许足以解释我那具有传奇色彩的节俭性格。我祖母的祖先阿姆斯特朗家族在 18 世纪初从苏格兰来到美国，在这里务农（这个事实很好地提醒我们，几乎所有人都是移民的后代）。我总是把曾祖父菲兰德 · 巴尼斯特 · 阿姆斯特朗视作我的精神祖先。他是保险行业的先驱，他先是竭尽全力改革了火险行业（在 1868 年圣路易斯的一次演讲中，他大声疾呼："先生们，削减你们的成本吧!"），然后向人寿保险行业挥起改革的利刃。他在 1917 年发表了一篇长达 258 页的谴责文章，题目为"偷窃许可：人寿保险行业如何掠夺了数十亿的人民"。文章最后一句话："病人（保险行业）患了癌症。病毒就在他的血液中流淌。他不仅病入膏肓，而且对整个社会造成了威胁。殡葬人员快来吧。"

我母亲来自希普金斯家族，他们在 18 世纪早期来到美国，并定居弗吉尼亚州；他们的一些后代在南方联盟军中服役。我那来自希普金斯家族的外祖父母，约翰 · 克利夫顿 · 希普金斯（"船长"）和埃菲 · 阿姆斯特朗都是个性鲜明的人，他们希望自己的 3 个孩子和 6 个孙子女都能充分发挥自己的才能，成为对社会有用的人。

威廉·布鲁克斯·博格和他的妻子伊丽莎白也从苏格兰来到这里，但要在晚得多的 19 世纪 70 年代早期。虽然他们并非从埃利斯岛入境，但他们的名字却被写在那里的一块牌匾上。他们的儿子（就是我的祖父）威廉·耶茨·博格在新泽西州的蒙特克莱尔是一个备受尊敬的人，他创立了一家公司，后来成为美国制罐公司（1987 年变身为普瑞玛瑞卡公司）的一部分，这家公司在长达 75 年的时间里一直属于道琼斯工业指数的 30 只成分股。

他的儿子小威廉·耶茨·博格是我的父亲。在第一次世界大战初期美国宣战前，他自愿加入英国皇家飞行队，驾驶索普维斯“骆驼”战斗机。这位风度翩翩的飞行员十分帅气，据说很像当年的威尔士亲王，这位亲王在 1936 年成为英格兰国王（为了娶“我爱的女人”而退位）。我的父亲在他的飞机坠毁时受了伤，回到家后，在 1920 年他迎娶了我的母亲约瑟芬·希普金斯·博格。

对这对儿富裕的年轻夫妇来说，生活轻松美好。但不幸的是，他们的前两个孩子（双胞胎约瑟芬和洛兰）一出生就夭折了。他们的第一个儿子是我的哥哥威廉·耶茨·博格三世，生于 1927 年。1929 年 5 月 8 日，他们又生下了一对儿双胞胎戴维·考德威尔·博格和我，约翰·克利夫顿·博格。

早早地出来挣钱

在我们出生之前的数年，祖父在新泽西州的维罗纳（毗邻蒙特克莱尔）为这个不断壮大的家族打造了一个漂亮的新家。但随着大崩盘的到来，我们的房子和父亲继承的遗产很快便消失了。我们搬进了外祖父母的房子，这是我们频繁搬家、在新泽西海岸来回奔波的开端。

因此，尽管我的家庭经济状况最初足够富足——事实上，远比富足更优越，但我们仍然很快就陷入财务困境。（我父亲成长于花团锦簇的时代，他的性格缺乏祖父的果敢，所以一直勉强维持着一份工作。）从很小的时候起，我们兄弟三人就得自己挣钱，我很清楚地记得那句谚语："游手好闲是魔鬼的工具。"（用苏格兰口音说"魔鬼"，有点儿像"蘑菇"。）

我时常想，我们兄弟三人有着完美的成长环境。我们出生在一个拥有社区地位的家庭，从不需要担心被不公平对待或不受尊重，但我们需要负责自己的开销（甚至需要资助家庭），主动寻找工作，并自律地为他人工作。虽然我们有很多很棒的朋友——至今仍是朋友，不过他们当时拥有更多东西，在我们工作的时候他们可以尽情玩耍。我们很早就体会到了承担责任和运用自己的智慧的愉悦，以及在春、夏、秋、冬和从事各种工作的人（富有和远非富有的人）交往的乐趣。

布莱尔学院：欣然而至，勤学笃行

在七年级和八年级时，我们双胞胎就读于新泽西州斯普林莱克的一所小型文法学校，接着我们去了附近的马纳斯宽高中继续就读。但我的母亲对儿子们的教育怀揣雄心，生怕我们没有得到最好的教育，于是她开始寻求更好的教育环境。经过她的不断坚持和努力，三个博格家的男孩都成了新泽西州西北部布莱尔学院的寄宿生——这是一个绝好的教育机会。母亲对孩子接受最好教育的孜孜不倦的努力使我们克服了缺钱的障碍，布莱尔学院为我们提供了奖学金和勤工俭学的机会。在学校的第一年，我们在餐厅当服务员，后来在高年级时被提拔为服务员领班。

布莱尔学院的校训（从拉丁语翻译过来）是“欣然而至，勤学笃行”，我就是这样做的。那些要求甚高的老派导师似乎感觉到我可以做得很出色，尽管课堂作业比我以往任何时候遇到的都要难，但在他们施加的压力下，我逐步缩小了前期与优等生在学习成绩上的差距。在毕业典礼上，我获得了“最佳毕业生”以及“最具潜力学生”两项殊荣，这两项荣誉似乎暗示了我具有永远不会动摇的决心以及未来将塑造我职业生涯的创业精神。我永远不会忘记在大三时阅读托马斯·麦考莱关于塞缪尔·约翰逊的文章时受到的启发：“他的意志粉碎了所有障碍。”

因此，我对什么是足够的生活态度，在很大程度上取决于我的家族传承和年轻时期的经历，尤其是被大家庭庇护的宝贵经历。我拥有令我自豪的祖父母，慈爱的父母，以及时常争斗但在其他人想要欺负我们时又变得无比团结的三兄弟。

这种家庭组合可能并没有什么特别之处，毕竟博格家的男孩子的境遇也不见得比同时期无数其他美国年轻人来得更差。但随着我逐渐成长成熟，我的生命中似乎充满了无数的好运，常常是奇迹般的好运。当然，第一次好运当属布莱尔学院承担起我的教育责任。如果没有这次重大突破，谁知道我会身在何处（真的，你很快就会知道，我是否还存活于世都是个问题）！我把每一次好运都视作一颗钻石。事实证明，在我的一生中，我发现了“不计其数的钻石”。

不计其数的钻石

> 在古代波斯，一个富有的农场主离开故乡寻找更多财富，他穷其一生徒劳地寻找神秘的钻石矿。随着年华逝去，他得到的只有沮丧，他成为一个背井离乡、一贫如洗的乞丐，最终绝望地投海自尽。与此同时，在这位农场主的庄园里，新主人打量着他拥有的广袤土地，看到溪流中有什么东西在阳光下闪闪发光，那是一颗大大的钻石，正静静地置身于神话般的戈尔康达钻石矿矿顶。

这是成立于1884年费城天普大学的创始人罗素·康韦尔

博士特别喜欢的故事。这个故事激发了他的灵感，成就了他经典的演讲《不计其数的钻石》，他在世界各地演讲了 6 000 多次。这个故事的寓意是："属于你的钻石并不在遥远的山海之中，只要你动手去挖，它们就躺在你的后院。"

后来，天普大学的第一个学生受到演讲的鼓舞，他找到康韦尔博士，表达了自己渴望得到教育但无力支付学费的困难状况。他当即被学校接收，后来，他在公共服务领域取得了卓越的成就。我对这个故事深信不疑，因为，当年轻的我第一次读到康韦尔博士的演讲时，它所传达的思想就激励了我，时至今日依旧如此。在一个我以前从未涉足的城市，一颗接着一颗的幸运钻石不断地在我的后院被发现。

前往费城

在二战结束后不久，1945 年感恩节前夕，我这位新泽西州的年轻居民第一次来到费城。现在已经离世的我的孪生兄弟戴维当时与我一同前往，我们两个 16 岁的男孩从布莱尔学院的巴士上下来，第一次来到这个友爱之城，与父母一起庆祝节日。我们的父母（我的大哥威廉当时 18 岁，正在美国海军陆战队服役）最近搬进了阿德莫尔郊区一间位于三层的公寓，这间公寓只有两个房间，但这小小的空间已经足够我们一家人居住了——至少在假期里是这样。我们在街角的 Horn & Hardart 餐厅用餐。在随后的假期中，我和戴维在阿德莫尔邮局上夜班。

我在费城附近找到第一颗钻石。由于布莱尔学院为我上大学所做的非凡准备，我成功地被普林斯顿大学录取了。为了使我能支付得起学费，普林斯顿为我提供了奖学金以及一份服务生的工作（又是服务生——我一定特别擅长这份工作！）。后来，在大三和大四，我在体育协会学生票务办公室负责管理其中的一个部门。

通过一连串的暑期工作（其中一份是给当地的经纪公司跑腿，还有一次是在《费城晚报》做警察站记者），我可以负担起自己的花销了。我十分努力地工作，工作时间也很长。但那时我就是很喜欢工作——现在仍然如此，在我的成长过程中，我必须为想要的东西努力赚钱，这成为我不可多得的优势之一。但是在我漫长的职业生涯中，我从未把工作仅仅视为工作，只有一个例外：在保龄球馆做球童的临时工作（那是一份真正的苦差！）。

在普林斯顿的发现

在我就读普林斯顿大学期间，父母的婚姻破裂了。父亲搬到了纽约，而我至爱的母亲却病重留在费城。在 1951 年毕业后，我希望回到费城母亲身边，命运的安排使之成为可能。（遗憾的是，母亲的生命停留在了 1952 年。）

在普林斯顿，那个梳着平头、稚嫩、理想主义的年轻人决定以一个此前从未被研究过的主题作为他经济学学士毕业论文的主题。不是关于约翰·凯恩斯，不是关于亚当·斯密，也不是关于卡尔·马克思，而是一个全新的主题。1949 年 12 月，为了寻找论文主题，我翻开《财富》杂志第 116 页，读到了一篇文章——《波士顿的巨额财富》。除了命运，还有什么能解释这个事实呢？文章讲的是一种我从未听说的金融工具——共同基金。当读到文章把这个行业描述为“小行业大争议”时，我已经找到了论文主题，以及当时还未意识到的另一颗钻石。

在对共同基金行业进行了一年的深入研究之后，我完成了论文，并将其寄送给几位行业领袖。其中一位就是共同基金先驱、费城威灵顿基金的创始人、普林斯顿大学 1920 届学生沃尔特·L. 摩根。他读了我的论文并且非常喜欢，他很快就回复我：“对一个从未有过任何商业实践经验的在校学生来说，这是一篇相当不错的作品。主要考虑到文章的价值，我们邀请博格先生加入威灵顿基金管理公司。”我从 1951 年毕业开始（有赖于这篇论文，我获得了极其优异的毕业成绩）就进入威灵顿，从未回头。我在那里工作——不管怎么样，你很快就会看到——直到现在。

沃尔特·摩根先生的一些挚友在他过世后告诉我，摩根先生视我为他的亲生儿子，我无从知晓这是否属实。但是，他对我的确就像父亲一样，他成为我忠诚和值得信赖的导师，他帮助我成就漫长职业生涯的第一次突破。不仅如此，摩根先生还是我坚强的后盾，在我不自信的时候他给了我信心，给了我力量，让我走过每一次胜利和打击。

当我在 1951 年加入威灵顿管理公司时，共同基金只是一个很小的产业，但这家公司却在这个行业中占据了重要位置。我们管理着一个只有 1.5 亿美元资产的共同基金——威灵顿基金，但我们成长得很快。到了 20 世纪 60 年代初，我已经熟悉各项业务，并成为沃尔特·摩根的接班人。1965 年初，我才 35 岁，沃尔特告诉我，未来我将替代他成为这家公司的领导者。不过，对我来说，当时这还不算一颗钻石，因为这家公司正处在风雨飘摇之中。摩根先生告诉我，要解决公司在投资管理上的种种问题，我得放手一搏。

一扇门被关上，一扇窗将被打开

当时的我，刚愎自用，容易冲动，又天真幼稚。我找了一家位于波士顿的公司，希望通过与它合并解决公司的种种问题。合并协议是在 1966 年 6 月 6 日签署的，当时正值如日中天的牛市，一直到 1973 年初，我们的合作都是愉快的。可是当熊市来临，股市暴跌 50% 时，我和我的新合伙人——一群年轻激进的基金经理人，让我们的客户失望了。（我们其中一只基金的资产价值暴跌了 75%。）

到 1974 年底，随着熊市的沉重打击，我们的客户大量逃离，我们管理的资产从 30 亿美元暴跌至 13 亿美元。毫无意外，我和我的合伙人发生了激烈的争吵，同时在董事会中，我的对手得到了更高的票数，我被这家我以为是属于我的公司炒了鱿鱼。他们甚至打算把公司搬去波士顿，我是不会任由这件事情发生的。

我爱费城，它是我的第二故乡。我在这里落地生根，找到了更多令人意想不到的钻石。1956 年，我跟至爱的妻子伊芙在这里举行了婚礼，她是一个土生土长的费城女孩。到了 1971 年，我们幸运地拥有了 6 个可爱的孩子（日后他们给我生了 12 个天使般的孙子孙女）。当时，我们打算留在那里，我有个计划。因为，当我在威灵顿管理公司的职业生涯之门被关闭时，一扇窗刚好被打开，足以让我继续留在费城。

扭转局面并不是件简单的事。曾经有人说，我具备两个特质，“理想主义者的顽固和街头小霸王的灵魂”。事实上，要不是这两种特质，我或许连试都不会去试。经过漫长艰苦的奋斗之后，我充分利用了威灵顿所管理的基金（由其股东所有）和威灵顿管理公司（主要由很多散户股东以及炒了我鱿鱼的前合伙人把持）在管理结构上的细微差别，成功地开创了全新的事业，也因此找到了更多超出我想象的钻石。

复杂化

威灵顿管理公司管理着多只共同基金，但这些基金的董事会并不受威灵顿管理公司控制。因此，我向这些基金的董事会建议，他们应该采取一种史无前例、独一无二的架构，也就是让这些基金自行管理。这个想法非常简单。共同基金为什么需要聘请外面的公司来管理属于基金内部的事（在当时，这是我们行业一贯的做法）？共同基金本来就能自行管理，何况，这么做还能省下一小笔费用。如此一来，我们可以变成货真价实的“共有式”共同基金。这场仗打得很辛苦，历时8个月，搞得人仰马翻、争吵不休，基金的董事会分裂成两个几乎势均力敌的阵营。不过，这个新架构最终占据了上风。[1]

我用英国海军名将纳尔逊所指挥的旗舰“先锋号”来为新公司命名。1798年，英国舰队在尼罗河战役中大败拿破仑，纳尔逊当时指挥的战舰就是先锋号。我以先锋号来命名新公司，是打算传达一个讯息：我们先锋领航集团身经百战，一定会在共同基金的战争中取得胜利，而我们先锋领航集团也会像字典里对“先锋”二字定义的那样，成为新潮流的引领者。然而，我的提议还是没有被全盘接受。基金的董事们只允许先锋领航集团（现在为共同基金所有）负责行政管理方面的事务，我们在1975年5月开始运作，只能负责基金的营运、法律和财务方面的事务，但不能插手投资管理和销售。共同基金的管理，主要有三个方面：行政管理、投资管理和销售。

---

1 如果没有威灵顿独立董事集团主席、小查尔斯·D.鲁特生前的大力支持，这一有利的结果是不可能出现的。感谢你，查克，如果没有你，先锋领航集团就不可能存在。

而投资管理和销售这两项是比较重要的。我非常懊恼，因为这两项关键的事务将继续由我的竞争对手来负责。

一个公司的诞生

我知道，我们如果想抓住成功的机会，就必须扩大我们的职责范围，必须掌握全方位的业务，包括行政、投资管理和销售等方面的服务（这些服务是所有基金集团一定要有的）。也就是说，我们必须寻找更多钻石。没多久，我们就发现了一颗大钻石，这颗钻石足以跟印度名钻科依诺尔钻石相媲美。投资管理不属于先锋领航的范围，这带给我很大的刺激，于是我花了好几个月的时间想出一个好主意。这个想法我已经思索了很多年，它源自我为学士论文所做的研究，我认为，共同基金无法带来高于市场平均水平的收益业绩。于是，1975 年底，我们成立了世界上第一只指数共同基金。

指数共同基金的精髓就在于简单：该资产组合将根据其市场权重简单地持有标准普尔 500 指数中的所有成分股，并密切追踪它们的表现。我们所推出的指数基金被市场嘲笑了很多年，直到差不多 10 年后，才有人跟进仿效。这只新基金刚成立时，取名为“第一指数投资信托”，现在已经改名为“先锋 500 指数基金”。刚开始时，这只基金只有 1 100 万美元的资产，还曾被同行戏称是“博格的愚蠢”。但是，这只基金的成功证明了我的观点。这是世界上第一只指数基金，它赚到的复合收益远高于传统股票型基金，这只基金后来成为世界上规模最大的基金。如今，先锋领航集团拥有 82 只指数基金，先锋 500 指数基金只是其中之一。在先锋领航集团目前拥有的 1.3 万亿美元的资产中，这 82 只基金就占了近 1 万亿美元。[1]

用《圣经·诗篇》第 118 篇的话来说就是，“匠人所弃的石头，已成了房角的头块儿石头”。公司的诞生可谓一波三折。我们好不容易才说服董事会，让他们相信我们没有过线。我向他们强调，指数基金的特殊之处在于，它不需要被主动管理，它只需要购买标准普尔 500 指数中所有的成分股。话虽如此，实际上借由这个“准管理”的步骤，我们已经进入关键基金服务三角中的第二个方面——投资管理。

接下来的问题是，我们应该如何把业务范围拓展到销售方面的服务？嗯，再找到一颗钻石就好了！而我们也的确找到了。我们想到的点子就是：消灭渠道，摒弃股票经纪人的人脉网络。近半个世纪以来，股票经纪人的人脉网络一向是威灵顿管理公司下金蛋的母鸡。然而，我们不再依赖销售人员来销售基金了，我们决定让投资人自己去购买。这个巨大

1　我们实际上经营着 45 只狭义上“真正的”指数基金。尽管它们被优秀的投资专业人士管理得很好，但我认为还有另外 37 只基金是“虚拟”指数基金——主要是债券和货币市场基金，在严格的期限和质量标准下，以名义成本进行管理，并密切追踪固定收益市场的适当指标。

的变革暗藏着巨大的风险，但也隐含着巨大的机会。

1977 年 2 月 7 日，我们侥幸在董事会上又打了一场胜仗。我们在一夕之间做出前所未有的重大转变：采用免佣金的销售模式。又一次，我们找对了方向，我们的经营成本低得让人不敢相信（这已经成为我们的标志），这都归功于我们采取了共有结构，并且严格控制成本。我们的基金是不收取销售佣金的。事后证明，这样做才是合理的，而且我们推出的时机也很好，这个世界越来越重视“消费者选择”和“价值寻找”。我们销售策略的座右铭是：“要引金凤凰，先栽梧桐树。”（这句家喻户晓的话在《梦幻之地》这部电影里，启发了男主角在艾奥瓦州的农田里建造了一座棒球场。）我们努力了好多年之后，投资人真的来了，最初是几千人，然后是数以百万计的人潮。

终于，我们赢得了美国证券交易委员会的背书

然而，先锋领航集团经过这几次奋斗所积攒的钻石还不归我们所有。我们只是借用，因为美国证券交易委员会发给我们的只是一种暂时令，让我们得以踏出关键的一步。而不可思议的是，当长达一周、十分冗长无聊的听证会之后，美国证券交易委员会竟然否决了我们的提议。我真是不敢相信，因为我们所做的努力对投资人是真的有好处。于是我们提起上诉，经过长达 4 年的漫长斗争，我们终于获得胜利。1981 年，

美国证券交易委员会改变初衷，批准了我们的计划，并以华丽的辞藻写下这样的结论：

> 先锋领航集团的计划……让《1940年投资公司法案》的目标更进一步……促进对股东的披露……明显提高了基金的独立性，“并且”提供了更健康和可行的共同基金组合，使每只基金都能在其中获得更好的发展。

在各方面，美国证券交易委员会的这番话都被证明是有先见之明的。

因此，我们的“钻石”没有被波士顿那边的人抢走，最终被永远留在我们的手中。或者，更精确地说，被永远留在基金投资人的手中。这颗“钻石”被永远留在大费城——威灵顿管理公司（于1928年成立）以及先锋领航集团（于1974年成立）的诞生地。你或许会想，这里的钻石应该已经被我开采光了。但神奇的是，事后证明，还有一颗大钻石正等着我去挖掘。

换一颗新的心脏

有趣的是，我即将发现的下一颗钻石竟然也在我家后院，它是一颗新的心脏。就像玩扑克牌的时候，红心总是比方块（钻石在英文中，也指扑克牌中的方块）大，在现实生活中也是如此！我在 1960 年第一次心脏病发作，从那时起，我就为心脏病所苦，后来陆续发作了几十次，到了 1995 年，我的心脏坏得差不多了，只剩下一半还在跳动。那年秋天，我住进费城哈内曼大学医学院。1996 年 2 月 21 日，我总算做了心脏移植手术，换了一颗新的心脏。光是住院等供体就等了 128 天，院方全天候以静脉注射维持我的心脏活动。

说来也奇怪，尽管命在旦夕，但我从不觉得自己快要死了。不过，我也没想到自己会活下来。在那种时候，不管考虑哪一种情况好像都很奇怪。总之，我活了下来，身体被植入一颗新的心脏（是一位匿名捐赠者送给我的大礼），医生、护士都对我悉心照顾，简直就像我的守护天使。如今，新心脏在我的体内跳得十分起劲，我身体健康，已经存活超过 12 年了。所以，我深信世上没有一个人比我更有福气。“我家后院的钻石比别人家的多。”康韦尔博士，你的话没错！

太在乎成功，却不重视品格的社会

我非常乐意为你们细数我的人生和事业上的每一颗钻石，因为我深信，每一位读者都和我一样幸运，你们一定也挖到了钻石，或许还挖到不少，只要你们愿意停下脚步，花点儿时间想一想，你们就会明白我的意思。可是，我们就和康韦尔博士的寓言所说的富有的农场主一样，经常追逐虚幻的财富，却对脚底下的真正财富视而不见。（请注意，我说的是

“我们”，我也犯过同样的错误。）

老天爷对我真的很不错，赏给我无数的钻石，足够我度过这美好的一生。我也希望能对家庭、公司、行业甚至整个社会有所贡献。然而，在 21 世纪初，我开始越来越忧心，我觉得我们这个社会走错了路。我猜冯内古特和约瑟夫·海勒应该与我英雄所见略同吧，除了在宴会上提到金钱与投资方面的“足够”，他们的作品也反映了我们这个社会早已接受并习以为常的荒谬与不平等。

在美国的金融体系中，我们只关心金融市场可能带来的收益，却忽略了美国金融体系所提取的过多的费用，也忽略了投机交易创纪录水平所产生的过高税收，更忽略了财政入不敷出给政府带来的通货膨胀压力。而这些问题恰恰侵蚀了金融市场可能带来的收益。我们忙着搞愚蠢的短期投机，对明智的长期投资却唯恐避之不及。我们无视“简单”的真钻石，反而去寻找“复杂”的假钻石。

在企业经营上，我们太重视计算，却不重视信任与被信任。我们把（实际上几乎是强迫）专业搞得像生意，但我们应该反其道而行才对。很多公司（它们创造产品与服务）已经抛弃了专业价值观，但我们应该鼓励它们重新拾起。营销和销售我们已经太在行了，但信任和服务我们却做得太少。我们经常像经纪人那样思考（也就是把事情做对），却缺少了领导人的思维模式（做对的事情）。

在生活中，我们经常让不切实际的幻想战胜真实。我们太重视有形的事物，却忽略了那些真正让事物变得有价值的无形的事物。我们太在乎成功（这个词我一向很反感），却不重视品格。假使没有品格，成功是毫无意义的。迈入 21 世纪，我们身陷“即时满足”和“按需搜集信息”的压力之中，把 18 世纪的启蒙价值观忘得一干二净。我们渴望追求个人满足，这个错误的念头蒙蔽了我们，害得我们无法听见真正的召唤，让我们忽视了赋予我们自己、我们的社区和我们的社会工作以真正的意义。

苏格拉底的挑战

我在美国各地发表着这些看法，有时候，我觉得自己就像《纽约客》漫画中那些手持标语的先知（“忏悔吧，因为末日已近！”）。尽管我的观点几乎不属于主流（而且往往被我们公司与金融机构的负责人误解），但老实说，我要说的话老早就有人说过。早在 2 500 年前，苏格拉底面对雅典城邦公民所做的申辩，就传达了同样的信息。

> 公民们！我尊敬你们，热爱你们。但是，身为这座伟大、强盛城邦的公民，你们为何只图名利，不关心智慧、真理和灵魂的进步？你们难道不觉得羞耻吗？……我不做别的事情，只是劝说大家，敦促大家，不管老少，都不要只顾个人和财产，首先要关心灵魂的进步，这是更重要

的事情。我告诉你们，金钱并不能带来美德，美德却可以带来金钱和其他一切美好的事物。

我可不敢拿自己跟苏格拉底比。我这一生很幸运，过得很充实，而且就和苏格拉底一样，我对金钱自有一套见解，我对“在企业经营与专业方面，什么事情能令我们感到骄傲，什么事情能令我们觉得羞愧”有自己的看法，我对“人生中什么是错的财富，什么是对的财富”也有所体悟。我在这里提出这些观点，就是希望（借用冯内古特最喜欢的一句话）用一点儿人文思考来毒害你们的心灵，我亲爱的读者。

金钱

ENOUGH

True Measures of Money, Business, and Life

第一章

费用太多，价值太少

请允许我引用英国19世纪的一段古老谚语作为本章的开头：

有些人依靠自然和双手糊口，这叫工作。

有些人依靠“那些靠自然和双手糊口的人”维持生计，这叫交易。

有些人依靠“那些依靠‘那些靠自然和双手糊口的人’维持生计的人”维持生计，这叫金融。

即便在今天来看，这段充满洞见的话也把我一辈子奋斗其中的金融体系和整个经济之间的现实关系陈述得再贴切不过了。

金融体系的游戏规则自古以来从未改变。我把这套游戏规则称为“简单算术法则”，这个法则由美国大法官路易斯·布兰代斯首先提出。这套游戏规则简单来说是这样的：

- 金融市场所产生的总收益减去金融体系的成本，等于实际交付给投资人的“净收益”。
- 因此，不管投资人在股票和债券市场中能赚到多么丰厚的收益，如果金融体系先把金融中介的成本扣除（如永远），再把剩余的付给投资人，国民为养老而积累储蓄的能力就会被这个系统本身的巨大成本严重削弱。
- 金融体系拿走的越多，投资人赚到的越少。
- 投资人位于投资食物链的最底层，负责供养整个食物链，却承担着巨大的投资成本。

综合上面几点，我们可以得出一个毋庸置疑的观点：总体而言，金融体系夺走了我们社会创造的价值。

这就是美国金融系统面临的现实，但冰冻三尺，非一日之寒，金融业历经长时间发展，已经逐步成长为美国经济最重要的支柱产业。我们已经进入一个太多的人好像不需要再生产任何东西的世界，我们只不过是交换几张票据，轮流持有股票和债券，然后付给金融机构一大笔钱。不只是如此，我们还发明了更复杂的金融衍生品，为金融市场注入了更多风险，从而不可避免地增加了更多成本。

沃伦·巴菲特的合伙人查理·芒格是这么说的：

> 大部分赚钱的活动都包含着深刻的反社会效应……随着高成本模式越来越受欢迎……这些赚钱的活动加剧了当前的有害流行趋势，即这个国家越来越多的有志青年被吸引到高薪的财富管理及其衍生行业，而舍弃了本可以为社会创造更多价值的工作。

我和芒格先生一样，对大量年轻人才涌入这个吞噬社会价值的领域感到担忧。在和大学生交流时，我经常强调这一事实。不过，我从来不会直接劝他们不要进入财富管理行业，这一行的报酬太诱人了，几句苍白的语言是无法打消年轻人想入行的念头的。相反，我要这些年轻的毕业生在踏进这一行之前，先考虑两件事。我请求你，不管你的职业是什么，都考虑一下这两件重要的事情，把它们运用到你的日常生活中，让它们帮助你思考。在追逐幸福与快乐的同时，你是否忘记了什么是“足够”？在短暂的人生中，你是否努力为社会创造了更多价值？

先见之明

2007 年 5 月，金融行业正如日中天，我在乔治敦大学的毕业典礼上发表演讲，核心内容如下：

- 第一，你如果想进入金融行业，就要把眼睛睁大一点儿。你要想清楚，企图从客户身上榨取价值会带来数倍于收益的麻烦，最终你会玩火自焚。华尔街有句老话，“金钱是没有良心的”，这句话固然没错，但不要因为听信了这句话就泯灭了自己的良心，也别因为这句话就改变了自己的行为和品格。
- 第二，当你为几十年后退休的晚年生活做投资时，你一定要记住：把金融系统从企业利润中所提取的费用降到最低。也就是说，这是一种自私的建议，你应该投资于低成本的美国与全球股市的指数基金（比如我们先锋领航集团管理的类似基金）。没错，这个建议确实符合我的利益，但也是唯一可以确保你们能够从金融市场获取合理回报的途径。
- 第三，不管日后从事哪个行业，你都得努力维护所在行业的专业价值观，也就是你要永远把服务客户当作首要任务。尽管这样的传统专业价值观如今正在快速瓦解。此外，不要漠视你所属的社区、国家和世界的更大利益。正如威廉·佩恩所言：“我们的生命只有一次，因此但行好事，在任何可能的时候释放善意，因为人生无法重新来过。”

事实证明，我在那场演讲中提到的“玩火自焚”的忠告，不仅一语成谶，而且时机恰到好处，金融业果然自食恶果了。

2007 年 7 月，就在我发表演讲的两个月后，从花旗集团、美林与贝尔斯登等大型投资银行开始，金融业纷纷垮台，罪魁祸首就是金融业历年来不顾后果推出的高风险、高成本和高复杂性的债务工具。金融机构资产负债表估值出现了巨额减记。截至 2008 年中，这些减记总额达到了惊人的 9 750 亿美元，而且数字还在持续增加。

在金融业中挣扎求生

我在乔治敦大学发表演讲时提到标准普尔 500 指数成分股企业在 2006 年合计利润总额为 7 110 亿美元，其中金融行业的利润总额为 2 150 亿美元，占了约 30% 的份额（如果把大型工业公司比如通用电气的金融分支机构的利润也算进来，这个数字也许会达到甚至超过 35%）。金融业对美国股市与经济的主导作用极为显著。以利润丰厚著称的能源与科技两大产业加在一起所实现的利润还没有金融业一家高，而与蓬勃发展的健康产业和工业巨头的盈利总和相比，金融业的盈利更是其三倍左右。

但是到了 2007 年底，金融业的利润下降了近一半，整个行业的利润仅有 1 230 亿美元。2007 年，标准普尔 500 指数成分股企业合计利润约为 6 000 亿美元，金融业盈利占比在那一年从 30% 缩水到只有 17%。不仅如此，金融业减少的利润占到当年标准普尔 500 指数成分股企业利润下降总额的

90%。2008年，衰退仍在继续。只能说这是恶有恶报。

但事实真的如此吗？众多投资者购买了金融机构创造的高风险债券，损失了数千亿美元，金融机构持续裁员，20多万金融从业人员失去了工作，然而，大多数投资银行的高管依然坐享令人咋舌的高薪。

这让我想起一个最近读到，但也许是被捏造出来的故事，就在抵押贷款支持证券市场崩盘以后，有个投资银行家告诉他的同事："我有一个坏消息和一个好消息，坏消息是，我们损失了一大笔金钱，好消息是，这些钱都不是我们的。"这个故事其实也在提醒我们，在大多数的情况下，对金融业有好处的，对你一定没好处。[1]

在危机中发财

我们来看看在金融圈内声名显赫的三位首席执行官，他们在这场金融危机中辜负了客户和投资人的信任，却领取了高额薪资。

❖ 2003年10月，查尔斯·普林斯出任花旗集团的首

1 至少，并非所有金融机构都将自身利益置于客户利益之上。高盛集团的前首席运营官约翰·塞恩在2007年底出任美林的首席执行官，当被问及这两家公司的区别时，他答道："美林真的把客户放在第一位。"当然，你得自己判断这番说辞的真假。

席执行官，花旗当时的股价为每股47美元。虽然这家银行在随后几年依旧表现不错，但自从开始涉足高风险的投资组合，短短5年便出现了巨幅亏损，迄今已核销了约210亿美元。花旗集团的股票收益从2006年的每股4.25美元骤降至2007年的0.72美元，在本书撰写时，股价约为每股20美元。在经营情况不错的年景，普林斯先生拿走了1.38亿美元的报酬，但当灾难性的后果发生后，他却不会因此受到任何惩罚。（2007年11月4日，普林斯辞职离开。）

❖ 美林的首席执行官斯坦利·奥尼尔的情况如出一辙。美林的投资组合也累积了相当高的风险，2007年底风险激增，资产减记190亿美元（可能更多）。美林报告的当年每股净亏损为10.73美元，公司股价从每股95美元暴跌至20美元以下。然而，在2002年至2007年，奥尼尔先生总共拿到1.61亿美元的酬劳，没有因为公司受损而受到任何影响。他在2007年10月辞职，董事会还全额支付了他的退休金计划（退休金1.6亿美元，奥尼尔从美林总共拿走3.21亿美元）。

❖ 最离谱的也许是贝尔斯登的首席执行官詹姆斯·E.凯恩。从1993年到2006年，贝尔斯登的股价从每股12美元一路涨到165美元，凯恩也拿到2.32亿

> 美元的报酬。然而，贝尔斯登的投资组合风险过高且缺乏流动性，加上高杠杆率（资产总额约为资本金的35倍），这导致贝尔斯登濒临破产。最后，美联储不得不出面担保贝尔斯登大部分投资的价值，摩根大通才决定以每股2美元的价格收购这家公司（最终收购价格提高到每股10美元）。从股价高位计算，股票投资人损失了约250亿美元。然而，数百万美元的薪酬早已被凯恩先生装进自己的口袋。（尽管凯恩在贝尔斯登的持股价值一度高达10亿美元，可他在2008年3月卖掉股份时，也仅拿回了6 000万美元。也许在大多数人眼中，6 000万美元已经是天文数字了，尤其是考虑到其他投资人的巨额资本损失，以及数千名在公司的破产中无辜受到牵连而失去工作的员工。）

套用英国政治家温斯顿·丘吉尔的话来说，在成功的道路上，“从来没有这么多人付出如此大的代价却只为这么少的人换来了回报”。

正面我赢，反面你输

过去几十年里，尽管美国的金融巨擘赚到了巨额财富——他们从投资者身上榨取了很多不义之财，不过他们的财富和最成功的对冲基金经理积累的财富比起来，却是小巫见大巫。仅 2007 年，对冲基金经理中酬劳最高的前 50 名共赚取了 290 亿美元（没错，是亿）。如果这一年你没有赚到 3.6 亿美元，根本无法跻身前 25 名。对高风险偏好的赌徒来说，投机，无论是在华尔街、赛马场，还是在拉斯韦加斯，都能带来巨额回报。

据《纽约时报》报道，2007 年收入最高的对冲基金经理是约翰·保尔森，他拿到了 37 亿美元的报酬。据称，他的公司保尔森对冲基金为客户实现了 200 多亿美元的收益，主要来自保尔森做空特定品种的抵押贷款支持证券（MBS，后面会详细介绍）的策略。他凭借帮助公司客户获得巨额收益而分得酬劳，谁能不羡慕他呢？[1]

我就不会！我认为，对冲基金经理能赚到天价酬劳是基于"非对称"原理，缺乏最基本的公平。在从事投机交易时，赌赢的基金经理固然赚得盆满钵满，但赌输的基金经理却不用付出任何代价。比如，保尔森公司认为抵押贷款支持证券或债务抵押债券（CDO）会暴跌，进而押注且赌赢了，或者在信用违约掉期产品（CDS）的投机中选了正确的一边，

---

1 我很不喜欢联邦政府所谓对冲基金经理"利润分成"适用最高 15% 的税率，这是一种混淆视听的说法。如此低的税率是对那些辛勤劳作的公民的侮辱，他们的收入远不及对冲基金经理，还要经常缴纳两倍甚至更高标准的联邦税率。我还知道，合理避税可以使对冲基金经理的收入被延期支付，从而免去税金，获得全额收入。毫无疑问，国会试图进行的税制改革，也被基金经理高额雇用的游说者压了下来。

那么，赌债务抵押债券（或信用违约掉期产品）会上涨的公司就赌输了。另一方面，赌输的一方将亏掉200亿美元，但我们都知道，基金经理不会对客户进行赔偿。就这样，金融业切分了大笔费用使内部人士受益，就算客户倾家荡产，金融机构仍然是获利者。

举例说明能让事情变得更清晰。假设你投资了一只“对冲基金母基金”，而这只基金的管理人委托另外两名对冲基金经理负责操作相同的额度。这两名基金经理分别押注在上述投机交易的其中一方，假设其中一位盈利30%，而另一位亏损30%，那么，按道理这只基金的投资人应该盈亏平衡。但问题在于，你必须支付佣金给那位帮你赚了30%的基金经理，比如20%的超额收益分成，即这部分投资本金的6%，加上他原本就收取的2%的管理费，就是8%。同时，你还需要支付给那位亏损的基金经理2%的管理费。所以，按投资总额平均算下来，你必须为直接进行投资的两个基金账户支付5%的费用。此外，你还得支付母基金管理人2%的费用。因此，尽管这个投资组合为你带来的收益是零（在扣除成本之前），但你的本金却损失了7%。再一次，金融业赢了，而投资人输了。

人才浪费

几年来，对冲基金经理的巨额收入以及投资银行家的优渥薪水与分红对商学院毕业生产生了巨大的诱惑，因此，华尔街不可避免地成为商学院毕业生的就业首选。尽管查理·芒格和其他业内人士发出了警告，金融市场也日渐失去其发展势头，但是年轻人还是如潮水般涌进金融业。特许金融分析师（CFA）的人数已经破纪录地达到8.2万人。知名财经杂志《巴伦周刊》最近报道称："特许金融分析师报考的人数超过14万（这也创下了历史新高），这些人从世界各地远道而来，为了拿到梦寐以求的'特许金融分析师执照'，耐心地排队参加考试。"

看到如此场景，或许我应该感到高兴，毕竟，这是我整个职业生涯的使命。然而，我却担心这些挤破脑袋要入行的人心里想的是自己能从社会捞到多少好处，而不是自己能给社会提供怎样的价值。而且，我敢说，他们所服务的金融机构收取的费用，整体来说会超过他们创造的价值，这就是我希望大家好好考虑的问题：美国金融体系所收取的费用，与其所创造的价值已经脱节。

税费吞噬利润

我们先来谈费用，因为这最容易看清楚。过去50多年里，股票的（名义）年均总收益率是11%。换言之，假如你在50年前用1 000美元投资股票，到了今天，其价值就会是18.46万美元。看起来还不错，对吧？可是，对个人投资者来说，投资股票需要支付费用，你得交申购手续费、管理费、赎回手续费、顾问费、广告费、律师费等等。这些费用据估计每年至少 2%。如果把这些费用扣掉，即便是以每年 2% 的最保守费率来扣除，历史净收益率也会下降到 9%，最终价值也会下降一半多，只剩 7.44 万美元。

此外，我们假设，个人投资者需要缴纳的所得税和资本利得税的税率每年只有 1.5%，因此，投资人的税后收益率会降到 7.5%，以此推算，投资者累积到今天的财富又会少了一半，只剩下 3.7 万美元。复利收益的魔法就这样被复利成本摧毁了。预期收益的约 80% 就这样蒸发了。（注意：过去 50 年，年均通货膨胀率为 4.1%，因此，扣除税费并经通货膨胀调整后，原本投资的 1 000 美元，在今天的价值并不是 18.46 万美元，而是微不足道的 5 300 美元！）

不存在的魔法

时至今日，美国金融行业之所以能够收取高昂的费用，很大程度上是因为我们已经把传统的（而且是成功的）投资标准抛诸脑后。传奇投资大师及证券分析之父本杰明·格雷厄姆在 1963 年 5/6 月刊的《金融分析家杂志》上这样写道：

> 以下是我的基本观点：无论是过去还是未来，一个聪明且训练有素的金融分析师，能够为各种不同的人提供投资

建议，这正是分析师得以存在的价值。而我也认为，金融分析师要达成这项任务，只需要遵守几条简单的原则，例如，债券和股票的配比适当，适度的分散化投资，挑选具有代表性的投资标的，阻止不符合客户财务状况或投资偏好的投机操作。要做到以上几点，他不必是选股很准的魔法师，也无须预测市场走向。

所有熟知我观点的人都知道，长期以来，我始终相信“平衡”“分散化”“关注长线”等几个简单的原则。我对那些号称会选股、能预测市场趋势的魔法师嗤之以鼻，他们是绝不可能持续盈利的。

实际上，在57年前我进入共同基金这一行时，基金经理几乎都在遵循格雷厄姆的原则进行投资。那时，绝大多数股票基金的投资组合都是分散投资、重仓蓝筹股，组合基金经理也采用长期投资的策略。他们拒绝投机，所收取的管理费以现在的标准来看实在是微不足道，却为投资人带来接近大盘整体表现的回报。从这些基金经理的长期投资业绩看，他们很难说是“善于选股的魔法师”。

成本问题突显

今天，如果有基金经理声称自己是某方面的鬼才，那么他指的一定是从投资人身上搜刮钱财这件事。2007年，共同基金所收取的直接费用（主要是管理费、运营费与营销费）总计超过 1 000 亿美元，基金也付给经纪公司和投资银行并间接付给律师和其他服务商数百亿美元的交易费用。此外，基金投资者每年付给理财顾问的费用估计有 100 亿美元。

共同基金行业辩称，在整个金融中介系统中，其收取的费用其实只占很小一部分。是的，除了付给共同基金的 1 000 亿美元，投资者还要为投资银行和经纪公司支付 3 800 亿美元，加上支付给对冲基金和养老基金经理的费用，以及商业银行信托部门和理财顾问的费用，再加上律师费和会计师费，所有的费用加起来大概是 6 200 亿美元。（没有人算得清准确的金额，可以确定的是，这些钱最终都由投资者买单。）

还有，别忘了这些费用是按年支付的。假设费率维持在目前的水准——我预测依然会上涨，那未来 10 年的投资者群体所要支付的中介费用将达到惊人的 6 万亿美元。美国股票市场的总市值也不过 15 万亿美元，债券市场的总市值也只有 30 万亿美元，两相比较，我们就能直观地了解金融体系收取的费用有多高了。

投资者永远得不到“物有所值”的金融服务

在扣除费用之后，投资者的回报低于大盘整体回报是毋庸置疑的事实。但人们也经常认为，金融行业能为投资者带来其他好处，因此对社会依然是有贡献的。这种说法掩盖了金融体系的真相：金融体系并不是在经典自由市场条件下运行的。我们的金融体系充斥着信息不对称、不完全竞争和非理性选择。

我并非在说金融系统除了收费一无是处。金融的确为社会创造了很高的价值：它让资金更有效地分配；它让买方与卖方更高效地交易；它为市场提供了高度的流动性，它增强了投资者利用未来现金流贴现价值的能力，并能够让其他投资者有渠道获取这些现金流；它创造出可供灵活使用的金融工具（通常包括所谓的金融衍生品，它们被设计得非常复杂，而且这种工具的价值一般是从别的金融工具“衍生”出来的），这些工具让投资者有能力决定是承担更多的风险，还是将风险转移给其他人从而摆脱各种风险。

不，这并不是说金融系统没有对社会贡献价值。问题在于，整个社会为了获得这些好处所付出的代价是否已经超过好处本身？至少对我来说答案很明显：金融业不仅是我们的经济中规模最大的产业，而且是唯一让消费者无法得到物有所值的服务的产业。事实上，用最简单的数学算一算就知道，投资者不管花多少钱，都不可能得到他们想要的结果。（矛盾的是，他们如果一分钱都不花，就可以得到一切！）

金融业改革迫在眉睫

在过去的 200 多年里，美国已经从农业经济迈入制造业经济，又从制造业经济进入服务业经济，然后从服务业经济过渡到今天由金融业主导的经济。但所谓金融经济，按照定义，应该从生产性行业所创造的价值中扣除。我们来看看下面的情况：在资本主义制度中，投资企业的股东可以赚到股息收益，身家也能随着企业的发展水涨船高。不过，那些想要从金融市场上取得这些投资收益的人，必须先支付各种中介费用。因此，尽管投资企业是可以赚钱的，但是投资股市却是非赚即赔的零和游戏。但扣除支付给金融业的中介费用后，整体而言，投资股市就变成了一个注定亏损的游戏。

尽管金融业在我们的整体经济中仍占比极高且增长迅速（直到最近才慢下来），但据我所知，还没有一项学术研究系统地计算过金融业到底从投资者的获利中榨取了多少价值。除了我的文章，专业期刊至今也没有刊登过任何一篇探讨这方面问题的文章，《金融期刊》没登过，《金融经济学期刊》没登过，《投资组合管理杂志》没登过，《金融分析家杂志》也没有登过。我看到的第一篇关于这方面的文章出自肯尼思·弗伦奇之手，题目是《积极投资的成本》（指的是美国股市），当时是 2008 年中，这篇文章正准备发表在《金融期刊》上。

不能再这样无视问题的存在了。我们需要通过教育、信息披露、监管、体制和法律改革相结合的方式，从根本上改善我们的资本筹集体系。如果这本书能够鞭策我们向着这些变革目标迈进，我写这本书就是值得的。核心问题在于，金融业必须改革。在此之前，金融经济将继续吞噬生产性行业所创造的价值，可以预见，未来的挑战将会很艰巨，对这种损失我们不能再熟视无睹了。

2007 年 6 月，普林斯顿大学的毕业生代表是主修经济学的格伦·韦尔（他在毕业一年后就取得经济学博士学位，现在该改称他为韦尔博士了），他这样形容自己对学术研究的热情："眼下存在许多十分重要的问题，我们现在很难也不应该去想其他事情。"没错，眼下存在许多十分重要的问题，我们现在很难也不应该去想其他事情。美国有缺陷的金融体系该如何有效运作，就是这样一个问题。

不能止步于思考，我们还要深入研究这个问题，计算各种费用，把这些费用和投资者所获得的价值（投资者不仅希望获得，而且有权获得的回报）联系起来。金融体系赚取的费用已经足够多了——应该说"太"多了，却没有为投资者创造足以匹配的价值。金融业实际上依赖于那些以自然资源、商业和贸易为生的行业，为了公共利益和投资者的权益，我们一定要改革金融体系，使之更有效地运行。

第二章

投机太多，投资太少

投资本质上是投资者对公司的长期所有权。公司的核心要务在于内在价值的持续积累，这种价值源于公司为满足消费者和储蓄者的需求而提供产品和服务、应对商业竞争、用企业家精神激发活力以及充分利用变局保持基业长青的能力。公司的经营为社会创造了价值，也给我们投资者带来了财富。

过去一个多世纪，由股息收益率和利润增长积累起来的公司的整体财富不断增长，呈现出一条缓慢上升的曲线，至少在过去 75 年里，异常情况极少出现。

而投机刚好相反。投机与金融工具（基于文件约定的权利义务而非商业实体）的短期交易而非长期持有有关，投机行为的理论基础来自金融工具的价格暂时偏离其内在价值而最终会回归的判断。实际上，投机者预期自己选中的股票价格的涨幅将超过其他股票，正如其他投资者也认为自己精心筛选的股票会有超过平均水平的表现一样。同一时期的股价走势图犬牙交错，呈现出比投资回报率更大幅度的波动形态。

尽管如今人们可能已经不再关心投资与投机的区别，但两者的巨大鸿沟早已为人所知。早在 1936 年，伟大的英国经济学家约翰·梅纳德·凯恩斯在《就业、利息与货币通论》一书中为两者做出了最具解释力的现代化定义。1950 年，我在普林斯顿大学上学时第一次拜读了凯恩斯的著作，并在以共同基金为主题的论文中加以引用。

凯恩斯将投资——他称为“事业”——定义为“预测一项资产在其整个生命周期中的全部潜在收益”。他将投机定义为“预测市场的一种行为”。凯恩斯十分担心专业的基金经理会在热衷于投机的无知群众的裹挟下缴械投降，从而背离投资的初衷，转变为投机者。因此，在 70 多年前，他就提醒我们：“企业一旦成为投机旋涡中的泡沫，一个国家的资本市场一旦成为赌博行为的副产品，资本主义的使命大概率就会自我终结。”

从短期看，投资回报率与投机回报率只有微弱的联系。但从长期看，两类收益必然——也将——是相同的。先别急着听信我的一面之词，我们来听听沃伦·巴菲特的观点，因为没有人比他的解释更充分了：“从现在开始到末日来临的那一天，股东所获得的回报最多就是他们投资的公司所赚取的全部利润。”巴菲特以他掌管了逾 40 年的投资公司伯克希尔–哈撒韦公司为例解释道：“当股价暂时高于或低于公司价值时，一小部分股票持有者（不管是买方还是卖方）会以交易对象的利益为代价，获得超额收益。但随着时间的推移，伯克希尔公司股东获得的总收益必然与公司的业务收益相匹配。”

换言之，正如巴菲特的伟大导师本杰明·格雷厄姆指出的那样：“从短期看，股票市场就是一台投票机……但从长远看，它是一台称重机。”不过，我们必须更进一步挖掘巴菲特及格雷厄姆众所周知的那段话的含义。尽管“伯克希尔公司股东获得的总收益必然与公司的业务收益相匹配”，但是参与股票交易的买卖双方的总收益或损失（即使他们在一个近乎封闭的圈子中互相多次交易）也无法平衡。作为两个独立的群体，投资者群体获得了伯克希尔公司的业务收益，而投机者却没有。

股市会让“投资者”分心

当我们的市场参与者主要是关注公司经营表现的投资者时，公司利用资本实现扎实稳定的收益才是推动股市的内在动力，此时股市波动性较低。但是，当我们的股市像今天这样主要由投机者、预期、希望、贪婪、恐惧以及市场参与者时而乐观奔放时而悲观阴暗的极端情绪驱动时，它就会呈现出极高的波动性，由此产生持续的震荡也就在所难免了。

基金经理和其他市场参与者的投机行为对投资者群体真的有益处吗？对金融市场呢？对整个社会呢？答案当然是否

定的。从很长一段时间看，由股票带来的所有收益绝不是由投机创造的，而是由投资创造的，即投入企业经营的资本产生的生产力最终带来了价值回报。历史数据显示，从1900年到2007年，股市整体的年化收益率约为9.5%，全部属于投资回报，平均股息收益率约为4.5%，收益增长约为5.0%。（我要提醒你，这个收益率数字还没有剔除前面章节提及的投资成本和通货膨胀因素。）

我将市盈率或P/E倍数的年化增减幅度定义为投机回报，在此期间，这个数字恰好为零，投资者在期初为每1美元盈利所支付的价格是15美元（P/E=15），在期末也大致相同。当然，市盈率的变化可能会长期发生；但是，长期的投机收益很少能使年投资收益增加或减少超过0.5%。

此时结论已经很明确：从长期看，股票收益几乎全部基于公司经营所产生的相对可预测的实际收益。市场参与者无法预测的主观感受交织在一起，反映在波动的股价以及驱动投机收益的不断变化的P/E倍数上，这基本上没有任何意义。长期的股权回报是由经济规律决定的，在短期内占据主导地位的情绪的影响会逐渐消散。因此，正如我在《常识投资》一书中阐述的那样："股票市场极大地分散了人们对投资行为的注意力。"

输家游戏

关于真实市场和预期市场之间的差异，多伦多大学罗特曼商学院院长罗杰·马丁给出的说法可能是最具说服力的。他认为，在真实市场中，真实企业为了制造真实产品，提供真实服务，会花真实的钱雇用真实的人，投资真实的设备。如果企业是利用真实的能力在竞争，那么其赚到的就是真实的利润，而企业发放的也是真实的红利。不过，这么做需要真实的策略、真实的决心和真实的资本支出。更不用说，这样做也需要真正的创新和真正的远见。

相反，在预期市场里，价格并不是由前面说的“真实的”商业活动决定的，而是由投资人的“预期”决定的。而这样的“预期”来自数字，来自企业高管精心设计出来、易于操纵的数字。更重要的是，我们不仅允许，而且似乎鼓励首席执行官们（他们真正的任务应该是创造真实的价值）在预期市场下注，在预期市场对他们的股票期权进行定价和具体操作。照理说，这种方式是违法的，就像我们在大多数职业运动中看到的那样。想想看，如果允许美国国家橄榄球联盟的四分卫，或者 NBA（美国男子篮球职业联赛）的中锋在赛前对自己的球队下注，那会有怎样的结果？然而，首席执行官们都在这么做。这也是用股票期权作为奖励会造成金融体系极大扭曲的原因之一。

哪些是赢家游戏，哪些是输家游戏？是要押注真实数字和真实收益，以及长期购买和持有股票？（也就是投资。）或者在预期的数字和预期的收益上下注，实质上是租用股票而不是持有股票？（也就是投机。）不管是买彩票、去拉斯韦加斯赌博、赌马，还是在华尔街搞投机，只要你明白自己的胜率有多低，到底是当投机客好，还是投资者好，答案就再明显不过了。

在这个投机盛行的时代

虽然用最简单的算术就能知道投资一定比投机好，但是今天我们却生活在史上投机性最强的时代。1951 年，在我进入金融业时，股票的年换手率约为 25%。[1] 接下来的 20 年，换手率基本维持在这一低水准上。直到 1998 年，股票换手率逐渐上升到 100% 以上，这个数字已经接近 20 世纪 20 年代末创下的 143% 的历史最高纪录。到了 2007 年，换手率又上升一倍至 215%。如果把交易所交易基金惊人的成交量也算进去，这一数据还会飙升至 284%。

以一种新金融工具为例，从中不难看出投机行为已经到了何种夸张的程度。1955 年，标准普尔 500 指数的总市值是 2 200 亿美元，当时没有期货，也没有期权，所以投资者无法针对指数的价格做投机（或对冲）。随后，指数期货和指数期权问世，这是金融领域的市场盛宴。这些产品不仅使投机变得更方便，也使加杠杆变得更容易。到 2008 年初，标准普尔 500 指数的市值是 13 万亿美元，但标准普尔 500 指数的金融衍生品，即期货和期权的总市值却高达 29 万亿美元，多了

1　我们将换手率定义为成交股的数量占发行总股数的百分比。

两倍多。如此一来，即便是高换手率的标准普尔500指数成分股本身并不全是投机交易，预期市场的价值也至少是真实市场的两倍。

我可以用一个简单的例子说明，投机是一场必然输掉的游戏。假设标准普尔500指数成分股的每一只股票有一半股份是被从来不投机的“投资者”持有，另一半股份则握在互相交易的“投机客”手中。根据定义，投资者由于没有买卖股票，不需要支付费用，因此，他们作为一个群体能赚到标准普尔500指数的总收益，而投机客由于要扣掉交易费用，这一群体只能获得比较低的净收益。至此我们可以得出结论：投资者是赢家，而投机客是输家。没有别的答案。因此，我们今天看到的疯狂投机，对投身股市的人而言一点儿好处都没有。疯狂投机的行为只是造福了华尔街。

黑天鹅和市场回报

当投资人的预期价值（短期股价）与现实（企业的内在价值）严重背离时，这种差距只能通过投资人的预期价值向现实靠拢的方式来缩小。想让预期结果在短时间内变成现实是不可能的。在这个竞争激烈的世界里，建立企业价值是一项长期而艰巨的任务。然而，每当股价和企业价值的差距越拉越大，泡沫开始形成时，大多数市场参与者似乎都认为企业价值很快就会赶上股价，而不是相反。

这就是投机心态对投资人产生的影响。它使投资人无视不可能发生的事情的可能性。然后，出现了一个交易日，比如 1987 年 10 月 19 日，真实市场的永恒真理再次证明了自己。在那一天，也就是后来的“黑色星期一”，道琼工业指数从 2 246 点跌至 1 738 点，一天之内跌掉 508 点，跌幅近 25%。美国股市从未经历过如此凶险的时刻，此前美国股市单日最大跌幅是 13%，发生在 1929 年 10 月 24 日（“黑色星期四”），那是经济大萧条即将到来的警示，它是 1987 年 10 月 19 日跌幅的近 1/2。

1987 年，在那个恐怖的“黑色星期一”到来之前，美国股市一直处于高位。“黑色星期一”当天，美国股市的总市值蒸发掉 1 万亿美元左右。如此惊人的降幅吓坏了几乎所有市场参与者。但是为什么？在股市里，任何事情都有可能发生。时至今日，我更加坚定这个看法。

金融市场性质与结构的改变，包括市场参与者的改变使得股市更容易发生突然且激烈的动荡。过去这些年里我们见证的市场波动似乎是最好的证明。在 20 世纪 50 年代和 60 年代，股价涨跌超过 2% 的天数，一年中最多出现三四天。但是，从 2008 年 7 月 30 日往前推的一年，这种惊人的涨跌已经发生了 35 次：14 次上涨，21 次下跌。而基于过往的经验，这种情况出现的概率是……零。

因此，投机不仅是必输的游戏，投机结果也是无法预测的。概率原理并不适用于我们的金融市场。在一个由投机驱动的市场中，我们绝不能因为某件事以前从未发生，就认为这种事日后也不会发生。举例来说，人类只看过白色的天鹅，但这并不代表世界上就没有黑天鹅。如果需要证据，那就看看我刚刚提到的“黑色星期一”。“黑色星期一”的发生不仅是完全不可预测的，超越了所有的历史经验，而且它的后果也是前所未见的。并且，“黑色星期一”预告的并不是什么悲惨的大萧条，随之而来的竟然是史上最繁荣的牛市。所以说，人们根本无法准确预测。

纳西姆·尼古拉斯·塔勒布写了《黑天鹅》[1]一书，他把这个观念阐释得很深入。但塔勒布也只是证实了我们早就知道的事情：在金融市场里，不可能发生的事很可能发生；或者，人们认为很可能发生的事却完全不可能发生。然而，我们中有太多的人，无论是业余人士还是专业人士，投资者、顾问还是经理，都继续怀着明显的信心展望未来，认为“所有过往”皆为金融市场的“序章”，深信被历史验证的概率将会持续下去。求你了，求你了，求你了：千万不要这样认为。

黑天鹅与投资收益

长期投资收益与市场每天的波动变化没有任何关系。虽

---

1 塔勒布将“黑天鹅”定义为：（1）它在通常预期之外，也就是说没有任何能够确定它发生的可能性的证据；（2）它会产生极端影响；（3）我们在事后为它的发生编造理由，并且使它变得可解释和可预测。

然充满短线与投机的金融市场有很多黑天鹅，但美国股市的长期投资收益却从未出现黑天鹅的身影。为什么？因为美国企业作为一个整体，有效地利用了资本，对商品生产和消费者服务的生产性经济的变化做出反应，并经常对此做出预期。没错，美国经济的确会周期性地动荡、衰退，甚至还会发生罕见的萧条。然而，美国经济整体上很有弹性，尽管时代变化、世事多变，美国经济还是在平稳地发展，企业的盈利水平随着经济的发展而增长，派发的股息也在持续增加。

然而，变幻莫测的美国金融经济（情绪）一直潜藏着一个严重的投机风险，它可能把危害性扩散到生产过剩的经济活动（企业）中了。美国伟大的经济学家海曼·明斯基将其职业生涯的大部分时间都花在研究他的金融不稳定假说上——“稳定导致不稳定”。他总结如下：

> 金融市场不仅会对企业主和个人投资者的利润驱动的需求做出反应，而且会对金融企业追求利润的企业精神做出反应。没有什么地方能比银行业和金融业更明显地体现出发展、变革和熊彼特的企业家精神[1]了，也没有什么能比追逐利润更明显地成为推动变革的因素了。

---

1 此处提到伟大的经济学家约瑟夫·熊彼特，熊彼特认为，企业家是推动经济增长的重要力量，他的分析已经是“传统智慧”的一部分了。

在最近这一拨复杂的金融产品被创造出来之前，明斯基就已经观察到，金融体系很容易催生创新。他指出，金融与产业发展是共生关系，“金融演化在经济的动态模式中起着至关重要的作用”。自 20 世纪 80 年代的“资金经理资本主义”盛行以来，机构投资者成了美国最大的金主，这些人开始左右我们的金融市场，并插手企业的运作。

2007 年中爆发的那场金融危机，验证了明斯基先前提出的警告。杰里米·格兰瑟姆，美国思维最缜密的专业投资者之一，是少数预见危机即将到来的投资者之一。他将自己 2007 年底那篇精彩的文章命名为《明斯基的崩溃》。随着政府支持的房地美和房利美的崩盘，以及美国财政部在仅仅 6 个月后就宣布承担“两房”的债务，毫无疑问，格兰瑟姆的预言成真了。只有时间才能告诉我们，这场“明斯基的崩溃”是周期性的，还是长期性的。

乌龟会赢

然而，尽管金融市场时常具有投机性，但它仍然是唯一流动性很高的工具，它能为企业所有者筹集资本，能为普通投资者的投资提供便利。现实如此，我们要怎样面对这个充斥着投机、罕见、极端事件、难以臆测的投资世界呢？ 2001 年，备受敬重的投资策略大师、经济学家，同时也是多个奖项获得者的畅销书作家彼得·伯恩斯坦在一篇名为《60/40 的解决方案》(指 60% 的股票、40% 的债券)的文章中说，他宁可效仿乌龟，也不要当投机的兔子：

> 在市场周期的循环中，乌龟投资胜出的次数通常比兔子多得多……把大赌注押在不可知的未来上，比赌博更糟，因为在赌博时，你至少清楚自己赌赢的概率有多大。人生中那些起于贪念的决定，通常会带来不幸的结果。

最后兔子赢了（但这是怎么发生的？）

然而，才短短几年，伯恩斯坦就改变了主意。他发表了一篇影响深远的文章，这篇文章刊登在 2003 年 3 月 1 日的《经济学与投资组合策略》上，我把这篇文章的要旨浓缩在下面几段话中：

> 我们对未来一无所知。没有人能保证历史会以怎样的方式重演。预期的股票溢价不仅很低，而且没有考虑当前投资环境中潜伏的异常情况。我们正生活在前所未有的时代。
>
> 因此，放弃长期最优化选择，就让短线机会主导一切吧。你可以靠着两极化的投资组合，一边做多，另一边做空，尽量去找波动最大的投资工具。除了股票，你还可以考虑黄金期货、风险投资、房地产、外币工具、通胀保值

债券（TIPS）和长期债券等等。

最重要的是，不管买什么，都别持有太久。机会和风险会来也会去，要经常调整你的投资组合。要灵活应对。长期持有的投资方式已经是过去式了，市场择时才是未来的王道。

我很佩服伯恩斯坦，佩服他敢于披着红斗篷走进挤满了牛——还有熊——的竞技场的勇气。我很佩服他，还因为他试图调和不可调和的事物。不管执行起来有多困难，他的建议还是很有价值的。不过，在我看来，他的建议其实就是投机，而投机是一场必然会输的游戏。

危险的择时交易

无论择时交易是出于贪婪、恐惧还是其他原因，我们都必须面对一个无法逃避的事实：对投资者群体而言，并没有择时交易这回事。无论好坏，我们所有的投资者共同拥有市场上全部的投资组合。当一个投资者从彼得（没有双关语的意思！）那里借钱给保罗，就代表着有另一个投资者反过来向保罗借钱来付给彼得，市场投资组合既不知道也不关心这些事。参与者之间的这种股权转让是投机行为，纯粹而简单。

当然，就个人而言，任何人都有可能靠着与整体市场背离而赚到钱。但我们是基于什么理由进行择时交易的？是基于我们对日后股票溢价的判断吗？[1]是基于这些已知且已经反映在股价上的风险吗？还是基于未知的风险？（预言不可知的事物并非易事。）没错，诚如伯恩斯坦所言，“机会和风险会来也会去”，他的论点我深表赞同，但人类在感情与行为上的弱点会让我们无法从风险与机会中赚到钱。我就是那些完全不相信择时交易的人之一。

别忘了，如果“你”在正确的时间采取的每一个行动都取得了令人难以置信的成功，那就表示“我”在错误的时间每一步都失败了。因为，在每一次交易里，有人一定站在了对立面。我在这一行摸爬滚打了一辈子，我对各种投机都持怀疑态度，包括择时交易。我从未见过任何依靠择时交易成功的人，也未听过有人真的成功过。

即使是做成功一次择时交易也是很困难的。可是，你必须连续做对两次才行。这是因为，你套现离场就意味着日后你还要在更有利的时间点买入进场。问题是，什么时候进场？用祈祷来决定吗？你来告诉我答案。如果因为成本的原因，做出正确决策的概率低于1/2，那么做出两次正确决策的概率会低于1/4。要连续做出12次正确决策的概率（对择时交易来说，12次一点儿都不多）就更低了。比如，在20年里，

1 股票溢价是指股票的年回报率超过——或预期超过——无风险回报率（通常是美国国债或债券）的数额。

你以这样的赔率下注，赢的机会只有 1/4 096（我还没把交易成本算进来）。

1/4 096？这是值得一赌的胜率吗？巴菲特显然不会这样做。2008 年中，有报道称，巴菲特在一场并非完全不同的赌局中站在了另一面。他拿出 32 万美元和普罗蒂杰公司打赌，普罗蒂杰公司是纽约一家管理组合型对冲基金的公司。巴菲特赌 10 年后先锋领航集团旗下的旗舰基金（先锋 500 指数基金）的收益会胜过由普罗蒂杰公司的专家精心挑选的 5 只投机性、自由、择时、频繁交易的对冲基金组合的总收益。当然，我一定站在巴菲特那一边，我也很乐意把全部身家都拿来和普罗蒂杰公司赌一把。顺带提一下，不管最后谁赢了，双方的赌金（100 万美元，包括赚到的在内）都得捐出来做公益。

打破平衡

当然，金融市场需要投机者，即金融企业家、交易员和短线交易者，他们能够承担风险，为了获利，他们会持续搜寻并利用市场上的异常情况和缺陷。同样，金融市场也需要投资者，即金融保守派，他们长期持有股票，高度重视谨慎、安全和稳健的传统价值。不过，我们需要找到一种平衡。而且，在我看来，今天金融市场如此大幅动荡，是我们失去这种平衡所付出的代价之一。

我在之前的篇幅中提到的几个主题，都出现在亨利·考夫曼2001年出版的杰出回忆录《货币与市场》中。考夫曼是经济学家兼投资人，是华尔街最有智慧的人之一。考夫曼博士和我一样忧心忡忡，在回忆录中他表达了自己对华尔街公司化、金融全球化、政策制定者权力的限制以及市场转型的担忧。他在回忆录最后一章总结了他所担心的事情：

> 信任，是生活中大多数关系的基石。金融机构和金融市场，也必须建立在信任的基础上……不受约束的金融企业家精神也会变得过度和具有破坏性——导致金融体系的基本法律和道德被严重滥用和被践踏。
>
> 这种滥用，会削弱一个国家的金融结构，摧毁社会大众对金融业的信心……唯有在企业、创新和传统价值观之间求取平衡，我们才能提高美国经济体系的效益与成本比率……金融机构的监管者和掌舵者，必须是所有人当中最勤勉尽责的。

我非常赞同考夫曼的话。我们的确没有及早处理很多问题，以至今天爆发了金融危机。当短线投机在金融市场中短暂占了上风时，我们都得当心。我们已经有太多的短线投机，把长期投资都赔了进去，而我们的长期投资却远远不够。为了恢复平衡，为了让金融保守主义回归其应有的卓越地位，股市参与者、学界和监管机构必须通力合作。否则，我只好把前面引用的凯恩斯的话拿来改一改，“我们今日所面临的危机是，企业变成了投机旋涡里的泡沫，这意味着资本主义的工作没做好”。

这就是现实，我们的社会已经承担不起让这个趋势蔓延下去的代价了。

第 三 章

复杂的太多，简单的太少

对我而言，“简单”始终是投资成功的关键。14 世纪的哲学家及修道士“奥卡姆的威廉”提出“奥卡姆剃刀原理”，更是让我受益匪浅。这个原理说的是：假如一个问题有很多种解决办法，就选最简单的那个。[1] 我的职业生涯中有一座丰碑，不是辉煌，也不是复杂，而是常识和简单，“一种不可思议的能力”，一位观察者这样评价我，“能识别显而易见的事物”。（我不确定这到底是不是一种恭维！）好吧，让我们先识别一下在这个越来越复杂的金融与投资世界，到底有哪些显而易见的事物。先从识别创新的作用开始吧。

一般来说，我们很难否定创新的价值。我们使用的笔记本电脑，可能已经拥有能够把人类送上月球的计算能力。不

---

1 奥卡姆在他的作品中以各种方式描述了剃刀（或规则）。最常见的版本是从拉丁语翻译过来的，“如无必要，勿增实体”。

管我们在世界的哪个角落，只要有台掌上电脑，我们就能够在世界各地连接无线网络，跟我们的孩子保持联络，拍摄、传送并储存照片。我们随时可以利用互联网提供的无限信息。网络零售让消费者享受到前所未有的价格竞争带来的益处。医疗技术（比如我接受的心脏移植术）的发展让人类延年益寿，改善了我们的生活品质。

然而，在金融行业，创新可就不一样了。为什么？因为，金融机构自身的创新价值和其客户的创新价值之间存在着明显的两分法。金融机构的运作方式刚好与奥卡姆剃刀原理相反。相较于简单而便宜的东西，金融机构有足够的动机偏爱复杂而昂贵的东西，这与大多数投资者需要的和本来想要的东西完全相反。

能够从金融创新中获得好处的，大都是创造出复杂新产品的人，而不是持有这些新产品的人。以前面提到的债务抵押债券为例，我们来看看创造债务抵押债券这条食物链所产生的收益和成本。一开始，房贷经纪人会将借款人引荐给银行，并向银行收取佣金；接着，银行办理抵押担保，并从中收取费用；然后，信用评级机构为每一笔债务抵押债券评级，并收取费用（每笔估计 40 万美元），收了钱的信用评级机构会给予这些债务抵押债券最高评级 AAA 级（否则这些债券根本卖不出去）；接下来，股票经纪人会把债券卖给客户，赚取佣金。这条食物链的成本不管藏得多深，最终都是由买房子的借款人和购买债务抵押债券的终端投资人来买单的，而所有经手的中间人都会获得报酬。

类似这种复杂到令人难以理解的金融创新，叠加美国信用评级机构等主体的背书和共谋，使得这种金融戏法演变成了现代版的炼金术。这种炼金术会从一组比如5 000笔B-或BB-评级的抵押贷款，加上少数几笔A级的抵押贷款开始。然后，这个组合抵押贷款就会神奇地变成黄金，比如变成一只价值5亿美元的债务抵押债券，其中高达75%的债券成了AAA级（这可是真实的案例），12%的债券是AA级，4%的债券是A级，只有9%的债券被评为BBB级或更低级别。（请注意，尽管这种广泛的分散投资具有降低风险的特性，但还是无法改变债券底层基础资产的质量。）[1]

银行之所以对这种债务抵押债券产品趋之若鹜，一点儿都不难理解：贷款给买房子的人，银行可以赚到大笔费用，既然可以很快把这些贷款从自己的资产负债表中剥离并丢到公众手上（也就是所谓"证券化"），它们才不管贷款买房子的人信用到底好不好，是不是真的能还得起房贷。

1　2008年中，《格兰特利率观察家》调查了一只债务抵押债券。它的原始本金价值是20亿美元。后来，这只债务抵押债券每一系列的债券都被调降评级，AAA级债券如今被评为B1级（"投机级，信用风险极高"）。整个债券组合的价值估计暴跌了80%以上，跌至3.62亿美元。

金融衍生品：随着音乐起舞

如今大家都知道了，这些复杂的债务抵押债券和结构性投资工具（SIV，主要是借入短期债务并长期借出的货币市场基金，所以缺乏真实货币市场基金的安全性），只是冰山一角。还有更多复杂的金融工具正在淹没我们的金融市场，这些工具的市值与成交量甚至已经超过真正的投资品。

与此同时，市场上充斥着所谓的金融衍生品，金融衍生品的价值是从其他金融工具衍生而来的。（回想一下我们面前提过的标准普尔 500 指数期货和期权。）通过利率互换和信用违约掉期（别问是什么）——以纳秒的速度在全球来回交换，这些金融衍生品被用来承担风险，放大风险，以及（反常地）对冲风险。金融衍生品的交易量十分惊人（尽管鲜有披露），而且，诡异之处在于，金融衍生品的交易规模与衍生出它们的基础资产的规模简直不成比例。（违约掉期的信用债务价值 2 万亿美元，但信用违约掉期产品本身的总额为 62 万亿美元。）所有金融衍生品的名义本金价值几乎超出想象——约 600 万亿美元，几乎是全球国内生产总值 66 万亿美元的 10 倍。

金融业（和信用评级机构）靠着金融衍生品的创新收取巨额费用，赚得盆满钵满。可是，这些价值被高估的债务抵押债券却严重侵蚀了投资者的资产负债表，而且投资者还不得不继续持有这些资产包。令人惊讶的是，购买者竟然还包括创造、销售这些金融衍生品的银行和经纪公司。此外，共同基金的管理者几乎都管理着退休基金，因此，他们也会用这些退休基金购买大量的债务抵押债券，这侵蚀了数千万美国人的退休计划。

结构性投资工具也不遑多让，带来了同样巨大的灾难。如今我们看到，银行为了把结构性投资工具卖给客户，发行了很多所谓流动性看跌期权，并且保证随时按面值回购这些结构性投资工具。结果，花旗银行不仅在账面上持有550亿美元的债务抵押债券，还持有差不多250亿美元有可能会被“卖回”（后来也真的被卖回）给银行的结构性投资工具。花旗集团直到2007年11月4日才公开披露这个风险。

令人震惊的是，花旗集团的执行委员会主席罗伯特·鲁宾（一个金融业行家）居然说，直到2007年夏天，他从未听说流动性看跌期权。更难堪的还有，花旗集团前任执行委员会主席查尔斯·普林斯在金融危机即将爆发前说：“只要音乐还在演奏，你就必须继续跳舞。我们都还在跳舞呢。”人们不禁要问，这些高级银行家到底从什么时候开始不看资产负债表了？

接下来的几个月，美国最大的银行和投资银行（还有众多的小银行）的信用状况严重恶化，危机蔓延到两家政府资助企业，被称为“两房”的房地美和房利美。它们为美国家庭提供了大约5万亿美元的抵押贷款，它们是美国鼓励住宅自有政策不可或缺的一环。虽然它们的抵押贷款组合比那些骗钱的债务抵押债券的质量要高很多，但是，这些高杠杆（1美元的资产却有40美元的负债）的股东拥有的公司依赖于货币市场中的定期借款。

虽然“两房”有美国联邦政府在背后撑腰，但投资人还是很担心它们的偿债能力，因此，两家公司的股价一度暴跌了约80%。面对部分由美国抵押贷款市场大量止赎引发的信贷危机，美国财政部别无选择，只能正式宣布将会支持这两家公司。[1] 即便如此，这场危机波及的范围还是远远超出了信贷领域。这场危机使我们开始思考一个很重要的公共政策问题：把发放抵押贷款赚到的丰厚回报放进私人口袋（“两房”的股东赚了数十亿美元；“两房”的高管拿到了天价薪酬），却让整个社会来承担抵押贷款的风险（由纳税人来买单），这么做合理吗？能令大家心服口服吗？更重要的是，为什么美国政府要拿纳税人的辛苦钱去救经管不善、漠视管理的企业？这距离熊彼特向往的那种资本主义世界太过遥远了！

投机者赢了，投资者输了

由于创造、销售复杂的金融创新产品可以赚很多钱，这种模式就会扩散。如今，金融产品创新的理念也席卷了传统

---

1 事实证明，即便是这样的支持，也不足以缓解这两家企业巨大的资金压力，2008年9月，美国财政部将它们置于联邦政府的托管之下。

股票基金与债券基金市场。近年来，共同基金领域也出现了大批创新产品。这些创新产品之所以出现，是因为很多人预期未来10年，股票基金和债券基金的收益率将落后于历史水平，甚至会远远落后于20世纪80年代和90年代，那个股票年收益率为17%、债券年收益率为9%的时代。

谁不想重回那个时代呢？那个时代之前和之后的日子都没有那个时代来得美好！但我们很清楚（也勉强能够容忍），使用简单、分散投资的股票或债券投资组合，我们可以预期未来10年能赚到多少钱（股票和债券的年收益率可能分别是7%和5%）。换言之，我们没有别的选择，只能基于已知的股票收益率（初始股息率加上随后的收益增长率）和债券收益率（也就是初始利率），去构建合理的收益预期。既然如此，我们又凭什么预期（或希望）通过选择复杂的投资策略或持有最优市场投资组合的基金经理去战胜大盘并赚到更多的钱？塞缪尔·约翰逊博士也许会说："那是因为经验被希望打败了。"

然而，除了增加投资者的管理费、顾问费和交易费，这股基金创新风潮还带来了什么好处吗？不可避免地，对于提供这些金融中介服务的从业者的动机，我们会感到担忧。他们一定很清楚，大多数投资者都没有从基金创新中得到什么好处。对投资人最有利的投资策略，应该是先锋领航集团首创的那种简单、直接的全市场指数策略。富达的王牌基金经理彼得·林奇过去一直是麦哲伦基金的操盘手，他在1990年交出了麦哲伦基金的管理权。就连他都宣称:“大多数投资者如果购买指数型基金会有更好的收益。”他说得一点儿都没错!

别站着不动，行动起来!

但现实是，我们这些金融从业者还得经营下去啊。然而，对我们的投资者而言，不幸的是，我们面临着巨大的压力，需要努力“塑造”和“回应”投资者对短期业绩的期待。就如同各种消费产品（如汽车、香水、牙膏和珠宝首饰）的营销行为一样，金融产品的营销也必须面对这样的残酷事实。不可避免的是，各种金融工具的重组势必会增加投资者的成本。

在 1976 年 9 月，刚好就在史上第一只指数型基金问世后不久，本杰明·格雷厄姆指出，“股市就像一家巨大的洗衣店，投资者接受彼此送来清洗的大量股票。如今，股市每日成交量竟然高达 3 000 万股”。（当时的他也许无法想象，今天的股票成交量每天已经超过 30 亿股!）这可不是一个小数目，这都要归功于华尔街总是建议其客户:“别站着不动，行动起来!”

投资者应该采取的恰恰是相反的策略——“别行动，站着就好”。尽管这是投资者作为一个群体的必然策略，但这么做不仅有违散户的直觉与情绪，也挡了那些销售证券、管理证券投资组合的人的财路。金融从业者很狡猾，他们说，投资者不要去管什么指数型工具，而应该挑选服务于个人需求和目标的基金。本杰明·格雷厄姆对此也有自己的看法："这只是方便掩盖他们过去平庸的投资业绩的托词。"

共同基金：降低门槛

有时，公共利益也必须被纳入考量范畴。因此，我接下来会花一些篇幅探讨我为之奉献一生的金融行业如何辜负了几个最基本的受托责任——对股东、对社会公众、对这个产业，以及对历史，我也会探讨这个行业应该如何再次找到正确的路径。不过，这里我想先说的是，金融行业已经被"创新"冲昏了头脑，从 20 世纪 80 年代的短期全球收益基金到可调利率抵押贷款基金，再到 2007 年才问世的"超短期"高收益债券基金（这种基金在 2008 年爆发的金融危机中损失惨重），皆是如此。

我们在 1998 年到 2000 年的新经济热潮期间，创建了数百只行业基金，主要为高科技、电信和互联网等，以利用信息时代的机遇，这不过是复杂的创新失控的另一个例子。随着股市的飙升，投资者想也不想就把数千亿美元投在这些基金上，股市崩盘后，他们因此遭受了巨大打击。

热情地支持基金创新的投资者到底付出了多少代价其实算得出来。我们比较一下从 2005 年往前推的 25 年里，基金本身的收益（时间加权收益）和基金投资者实际获得的收益（美元加权收益）。根据基金公司自己披露的数据，在这段时间里，股票基金的年收益率平均为 10%，落后于标准普尔 500 指数基金的 12.3%。但是，股票基金投资者的年收益率是 7.3%，与基金公司自己公布的收益率相比，每年少了 2.7%。

在此期间，基金投资者的资本会逐渐累积，他们的资本平均增长了 482%。但如果用同等资金买入指数基金并长期持有，投资者的资本也会累积，他们的资本平均将增长 1 718%，差不多是前者的 4 倍！多亏了基金发起人的创新与创造力，也多亏了基金投资者的贪婪（或权衡需求），共同基金投资者冒着风险辛辛苦苦赚来的收益还不及大盘盈利的 1/3。与新经济热潮期间涌现的新基金相比，主流基金的亏损要少得多，新基金的亏损令人震惊。这就是投资者的福利！

至于基金经理，据保守估计，在这一时期，投资者付给基金经理和分销商的其他费用和佣金高达 5 000 亿美金。所以，没错，的确有人从创新中赚到了巨额利润，但除非你是基金经理或分销商，否则那个人绝对不是你。

好景不常在，困境几多时

在这个追逐复杂的浪潮中，我们是否忘记了这样一个问题，即获利最大的投资是最简单、最稳健、成本最低、课税最少的，也即采取一贯的投资策略、持有时间最长的投资？答案显然是肯定的。有时我也担心自己在很多年前发明的、简单的指数基金的新迭代（主要是交易所交易基金）正在帮助引领这一浪潮。难怪有时我一觉醒来，会觉得自己就像弗兰肯斯坦博士一样："我到底创造了怎样的怪物啊？"

我要澄清自己的观点：如果创新对基金投资者有好处，那么我赞成。我很高兴自己很幸运，在过去许多这样的创新中发挥了重要作用：股票指数基金、债券指数基金、限定期限债券基金、税收管理基金，以及世界上第一只基金中的基金（我相信，先锋领航集团是唯一一家从未对这类基金征收额外费用的基金公司）。

近年来，还是有不少对投资者有利的创新产品问世的，包括退休基金和生活策略基金。这些基金如果用心管理并控制好成本，可以很轻松地为投资者的长期投资计划服务。然而，在如今的基金创新浪潮中，真正能使投资者受益的产品好像也就这样几种。我简单列举几个近年来出现的基金"产品"（其实我认为不应该用"产品"来称呼共同基金），并说说我的个人看法。

交易所交易基金

交易所交易基金（ETF）是基金领域最被世人接受的创新产品。当然，我欣赏这种基金采纳了指数基金的概念，而且大多数成本很低。更何况，我怎么可能不支持用长期持有的广义市场指数ETF，以及数量有限的广义细分市场ETF

来实现特定的目标呢？但是，恕我无法认同ETF过于频繁的转手，以及经纪人在转手时所收取的佣金。

此外，我也很不理解，为什么美国目前的817只ETF，只有21只符合美国或全球股市最广泛分散投资的传统要求，而其中的739只却投资于从合理到荒谬的股票市场。（剩下的57只则是投资于各式各样的证券指数。）我论述的后一个类别将包括像“新兴市场肿瘤”这样的狭窄行业，以及在股市涨跌时都能让市场回报率翻一番的杠杆基金。有的ETF为了在竞争中生存，甚至喊出确保3倍收益的口号。接下来会是4倍吗？

换句话说，利用ETF来投资是稳健的，但利用它来投机对投资者来说是最糟糕的选择。回想2005年，当时已经91岁的诺贝尔经济学奖得主保罗·萨缪尔森把第一只指数基金的诞生比喻为车轮和字母表的发明。（他的观点可能不够客观，因为他持有的那只先锋500指数基金的收益帮助他支付了6个子女与15个孙辈的教育费用。）他从未说过任何可与ETF相提并论的事情，我怀疑其他同等地位的人也不会这么做。

基本面指数基金

有人说，指数价值投资法是一种“哥白尼”式的革命，但其实支撑这个方法论的观念已有数十年的历史了。不过，把基本面指数基金弄成ETF的形式，则意味着这种基金很适合拿来做短线交易——表面上说这是一个可疑的提议。而且，只有在2000年到2002年股市崩盘期间，在基金的相对收益急剧上涨后，这种基金才被推出，这表明，基金发起人实在很擅长搞营销，尽管这种基金几乎总是导致对投资者不利的业绩追逐。

当然，这些挂羊头卖狗肉的基金的发起人向我们拍胸脯保证，“价值投资会赢”（不仅仅是“过去赢过”），尤其是在市场陷入困境时。然而，从2007年中至2008年中，股市起伏不定，两只最主要的基本面指数基金却下跌了近20%，标准普尔500指数基金（下跌了13%）的跌幅约为其一半。有些业界人士认为，应该根据账面价值、收益和盈余来衡量投资组合；而有些人则认为，应该根据股息来衡量投资组合的业绩。他们正在就哪种策略正确吵个没完，这样的消息令我哑然失笑。这只会给投资者带来更大的困惑。

绝对收益基金

美国几只最大规模的大学捐赠基金和对冲基金确实靠投资赚了很多钱，因此吸引了一些投机型对冲击基金公司绞尽脑汁，想要模仿类似的策略，推出新基金。这些策略包括：对冲（130%的股票是多头，30%的股票是空头的基金），市场中立（没有净权益敞口的基金），大宗商品，所谓私募股本/

风险资本等价物，等等。我有两个建议：其一，三思而后行；其二，在该基金创造出 10 年业绩记录之前先别急着下注。总之，请一定记住巴菲特说过的一句话："智者始，而愚者终。"或者，正如这位奥马哈先知有时说的那样："每个循环中都会出现三个 i：最先出现的是 innovator（创新者），然后是 imitator（模仿者），最后是 idiot（白痴）。"不管基金经理怎么说，你可千万别当白痴。

大宗商品基金

首要原则：大宗商品没有内部收益率。大宗商品的价格完全取决于供需。这也是为什么大宗商品会被炒作并被归为投机类买卖。相对而言，股票与债券的价格是由它们的内部收益率支撑的（股票的内部收益率由股息和收益增长组成，而债券的内部收益率来自剪息票）。这就是为什么股票和债券会被视为投资。我相信，近年来推动大多数大宗商品价格大幅上涨的日益增长的全球需求很可能会继续下去。但事实可能并非如此。而且，我也不确定对未来价格上涨的投机是否一定能赚到钱。[1]

1　一个有趣的事实是，从 1666 年伦敦大火到 1918 年第一次世界大战结束，英国的商品价格总体上没有变化。那可是两个半世纪！

管理支付基金

基金业显然直到最近才发现，数百万的投资者正从投资的累积阶段转移到分配阶段（尽管这种迹象在人口统计学中已存在了数十年）。因此，我们创造了新基金，让你可以在任何时间点刚好把所有的钱用完（这总是很容易实现！）。我们拥有能分配你资产的3%、5%或7%而绝对不会侵蚀本金的基金。只有时间能告诉我们这一切到底会不会发生，但由于显而易见的原因，基金业似乎忽略了另一种选择：通过增加基金投资收益来造福已经被基金业遗忘的退休投资者。不过说到底，如果你想在相同的风险下赚到更多钱，只有一种可行的方法，那就是大幅削减基金费用。但是，这类仅对客户有益的创新是不太可能发生的。

金砖四国基金与国际基金

我并不质疑这类基金。这些年来，随着巴西、俄罗斯、印度和中国这四个国家的投资收益率暴增，基金发起人也迅速推出投资这些地区的基金。但我在金融行业工作了一辈子的经验告诉我，如果仅仅因为这些国家过去的投资业绩相当优异就匆匆上车，那么这对投资者来说是不负责任的。不过，随着印度和中国股市的暴跌（仅2008年上半年，就跌掉了30% ~ 50%），我想投资者对这些国家的兴趣应该会消退一些吧。

历史数据显示，当美国股市的收益率领先全球时，股票基金流往海外市场的现金流就会减少，反之亦然。在1990年到2000年美国股市的涨幅大幅领先国外股市的时期，流入美国以外的基金现金流只有20%就不足为奇了。因此，当随后外国股市表现比美国股市强劲时，形势发生逆转，这也很合乎常理。（2007年，有整整2 200亿美元流入海外投资基金，只有约110亿美元流入美国国内股票基金，这的确令人担心！）不过，国际市场最热门的领域已经积累了太多风险，千万要小心。（另外，还要提及一点，自1990年以来，非美国股票的年收益率——即便把最近的暴涨也算进去——与美国股票的年收益率相比仍相形见绌：6%比10%。）

愚蠢的创新

任何一位客观的金融业资深人士都会对这些愚蠢的创新退避三舍。问题在于，未经证明有效、往往代价高昂的投资策略所获得的未来回报不仅是不可预测的，而且很少能兑现它们夸张的承诺。更严重的问题在于，忽略了简单性价值的另类基金如此泛滥，不可避免地导致了极高的基金失败率，只是这种消息很少被公开。我在之前的一本书中就告诉过读者，美国1970年存在的355只基金，只有132只熬过了接下来的35年。

我们来看看近些年的数据。2001年初，美国有6 126只共同基金，到了2008年中，已经有3 165只消失在了历史的尘埃中。难怪连基金经理都不愿“吃他们自己做的饭”。在4 356只股票基金中，2 314只基金的基金经理并没有投资他们自己所管理的基金，一分钱都没投！我不禁要问，如果只有半数的基金能够撑过短短的7年，那么缺乏专业信息的投资群体怎么办？他们怎么可能把基金作为长期投资策略的一部分呢？再说，如果有一半以上的基金经理不愿意投入自己的钱，那么投资者对眼前还在运营的基金又怎么会有信心呢？

实际上，投资者对共同基金确实没有多少信心了。有家知名的基金公司（并非先锋领航）对基金投资者做了一项调查，结果显示，71%的投资者并不信任基金行业。约66%的投资者说，基金公司并没有负起保障投资者权益的责任。即便是在深陷困境的金融业里，共同基金也在“值得信赖的服务供应商”名单中处于垫底的位置。

回归简单的原则

我一直以来都是创新的拥趸，但仅限于那种简洁明确、能够持续预测市场、低成本的创新，能为投资者提供长期服务的创新，能提供一个最佳机会，适用于未来而不是过去的创新，能把风险降到最低，能够清楚解释风险本质与衡量风险程度的创新。

同时，我十分坚定地反对复杂的产品，反对那些乱七八糟、会把人搞糊涂的复杂，反对那种伴随着各种只对创造和销售金融产品的人有利却对投资者不利的复杂。

如果这听起来像是我在强调我对指数（不管是股票型还是债券型）基金、税收管理基金、限定期限债券基金和目标日期基金(这些基金最好的时候都以指数基金为核心)的信心，那么，是的，一点儿都没错，我和奥卡姆一样，我们都相信，简单的答案就是最好的答案。简单，是获得长期投资成功的捷径。

请记住，我是坚定的指数基金的原教旨主义者（尽管不是一个基本面指数基金的原教旨主义者!)，我相信，最早问世的指数基金的简单性——以市值加权的高度分散化的股票投资组合——仍然是投资者的黄金标准。如果真是这样，那些复杂金融产品在整个金融体系中的重要性就会大大降低。正如我在前面提到的，很多人都想学炼金术，但鲜有人成功。事实上，这么多年过去了，我依然在努力，想找出一套方法，能够提前确定获胜策略或赢得资金，以及成功地预测这些获胜策略可以维持多久，或者那些曾经绩效卓越的基金经理又能继续管理那些基金多久。

很容易预测的结果

我想我现在已经把自己逼到死胡同了，我就像共同基金世界里的勒德分子，为了追求简单也是成本最低的想法而在日渐复杂、成本超高的世界中显得无趣且不受欢迎。不过，这个死胡同挺不错的。

我的心情很平静，良心很安稳。我很欣喜自己在本章中提出的几乎所有观点都得到了当今最博学、最受人敬重的学者的认可，其中包括诺贝尔经济学奖得主威廉·夏普和保罗·萨缪尔森。认可我的，还有当代最成功的投资者，例如巴菲特。我很高兴大卫·斯文森这位才华横溢的耶鲁大学捐赠基金首席投资官，一个有着无可置疑的品格和无与伦比的诚信的人，可以为这些值得称赞的知识分子和我的观点发言：

> 共同基金行业的根本市场失灵，涉及老练的、追逐利润的金融服务提供商和天真的、追逐回报的投资产品消费者之间的互动。华尔街和基金行业热衷于追逐利润，把受托责任抛在脑后，这导致了一种完全可以预见的结果……共同基金行业始终无法达成“提供超过大盘的回报”这个主动管理的基本目标……一项严谨的学术研究认为，以10到20年的跨度来说，共同基金行业的税前失败率在78%到95%之间（以先锋领航集团的标准普尔500指数基金衡量）……
>
> 对投资者来说，投资那些由非营利性公司管理的基金最有利，因为这类公司重视的是如何保障投资者的利益。它们无须追逐利润，因此就不会和基金经理的受托责任

产生冲突。这种公司无须追求利润率，因此就不会和投资者的收益产生冲突。非营利性公司无须追求外部企业利益，也就不会和投资组合的管理选择产生冲突。非营利性公司把投资者的利益放在第一位。最后一点，由非营利性投资管理公司来管理的被动型指数基金最有可能满足投资者的愿望……基金的世界浩瀚复杂，对投资者来说，最好的解决方案就是简单。

总之，他说的话我完全赞成。

斯文森支持简单、以客户为中心的策略和组织结构。他的话重申了这样一个事实：我们的金融业太过复杂，“创新”太多，成本太高，但是，这个行业却不够简单，而且把投资者的收益稀释到少得可怜。

商业

ENOUGH

True Measures of Money, Business, and Life

第四章

计算太多，信任太少

阿尔伯特·爱因斯坦不仅仅是理论物理学家，除了牛顿，或许就只有他不被认为只是科学家。爱因斯坦把深不可测、神秘难解的宇宙用数学来表示，历史上无人能出其右。然而，爱因斯坦对数学并不是很感兴趣，他曾经说，“不懂数学别担心。我向你保证，我的数学比你更烂”。

事实上，爱因斯坦十分了解量化的局限性，也十分了解那种认为量化计算可以增进我们对世界运转方式的理解所固有的缺陷。爱因斯坦后来在新泽西州普林斯顿大学高等研究院从事研究工作，他在自己的办公室里挂了一块牌子，牌子上写了一段话，这段话不仅适用于科学研究，也适用于人类的其他追求：

> 并不是每一件重要的事情都能计算；也不是每一件能计算的事情都重要。

这个道理也适用于企业经营。当然，既然爱因斯坦是相对论之父，我们就得从相对的观点来理解这段话。没有哪家企业可以不用计算就信任任何事；也没有哪家企业可以什么事情都计算，而不信任任何事。这完全是一个平衡的问题，但我个人更偏重信任，相对而言不重视计算。因为，我们可以用统计资料（图表、曲线图、表格）来证明企业中的每一件事情，但真正让企业稳如泰山的，却是那些无法量化的价值。

我在普林斯顿大学念大二时开始明白这个道理。那是1948年，我之所以对经济学感兴趣，都是因为我拜读了保罗·萨缪尔森的《经济学》第一版。当时的经济学很重视概念，也很传统。我们学习的范围涵盖了18世纪以来的经济理论和世界级的经济学家与哲学家，像亚当·斯密、约翰·穆勒、约翰·梅纳德·凯恩斯等等。以今天的标准来看，当时还没有定量分析。我还记得，微积分在当时甚至没有被列为经济系的必修课。不像这几十年量化分析师大量涌入金融业（但他们的业绩表现很不稳定），在那个时代，根本没有量化分析师的概念。

如今，有关经济和市场的研究范式发生了天翻地覆的变化，我不知道这个变化是否该归功（或归咎）于计算机的应用。但随着强大到令人难以想象的个人计算机的普遍应用，信息时代已经来临。时至今日，计算能力已经驾驭了经济。我们已经把爱因斯坦的忠告忘得一干二净。用现在的观点来看，如果某件事不能被计算，就说明这件事一点儿都不重要。

可是我不同意这一点。事实上，我坚持认为，那些认为无法计算的事物就不重要的人太过盲目了。不过，在我探讨计算的陷阱之前，在探讨那些不可衡量的事物（比如信任、智慧、人品、伦理价值等等，还有在一切经济活动中起主导作用的人类的心灵与灵魂）之前，我想先来谈谈目前流行的几种衡量标准，还有政府、金融业与企业给投资者和当代社会挖的陷阱。

今天，不管是在社会领域，还是在经济或金融领域，我们都太信任数字了。然而，数字并不是真实世界。在最好的情况下，数字也只是现实的苍白反映；但在最糟糕的情况下，数字则严重扭曲了我们想要衡量的真相。数字造成的危害不仅如此，我们还十分依赖经济和市场方面的历史数据，并且由于乐观偏误，我们会误解这些数据，会对这些不值得相信的数据深信不疑。通过过度强调数字而忽视无法量化衡量的事物，事实上，我们已经创造了一个可以轻而易举毁掉真实经济的数字经济。

政府：让数字恰如其分

有趣的是，很多我们绝对不能相信的数字都是被政府创造出来的。知名政治评论家凯文·菲利普斯在《哈泼斯杂志》2008 年 5 月刊上发表了一篇叫《数字骗局》的文章，他在文章中指出，我们都被政府提供的数据骗了，包括几个很重要的数字，比如国内生产总值（GDP）、失业率和通货膨胀率等等。

• 没想到，美国GDP竟然还包括所谓估算收入，例如，自住房产理应产生所得的假定价值、免费支票户头的估算收益、雇主所缴纳的保险费的价值等等。美国GDP总计14万亿美元，这类虚幻收入就占了1.8万亿美元！

• 美国劳工统计局很自豪地指出，2008年中的失业率相当低，只有5.2%，（尽管高于当年早些时候的5.0%）。不过，这个数字并不包括接连碰壁以致不想再找工作的工人、想找全职工作的兼职人员、想要一份工作却没有积极找工作的人，这个数字也不包括靠社会福利和伤残金生活的人。如果把这些失业者加进去，失业率就会高达9%，是原来的近两倍。

• 消费者物价指数（CPI）的低估程度则更夸张。很多年前，CPI中的“生活成本”被调整为包含“业主等价租金”，这大大降低了最近房地产繁荣期间政府公布的通货膨胀率。产品替代的概念也被纳入其中，大概的意思是，如果顶级汉堡太贵，那就用便宜一点儿的汉堡来替代。而且，成本的增加如果是由于品质提升带来的，我们就不需要把增加的成本算进去（这叫“享受调整法”，我并不是在开玩笑！）。这也就是说，如果机票贵了一倍，而航空公司的服务质量被认为提升了一倍，那么坐飞机旅行的计算成本将保持不变。

金融业：认为历史可以代替未来

投资领域的数据计算也是漏洞百出。普通股可以作为投资而非投机工具的观念始于1925年，这一观念出自埃德加·劳伦斯·史密斯的《用普通股进行长期投资》。比较新的版本则出现在1994年，出自杰里米·西格尔所著的《股市长线法宝》。这两本书都毫不掩饰地畅谈了投资股票的好处，它们或多或少都助推了随后的大牛市。当然，在这两个牛市之后，随之而来的是两个百年难得一遇的熊市。

两本书都充斥着数据，不过，西格尔那本巨著更夸张，他在书中提到的数据多到数不清。那本书是我们这个信息时代的产物，因为数据都是用计算机计算出来的。西格尔指出，过去200年来，美国股市的实际回报率每年都在7%上下（若不考虑每年3%的通胀率，股票的名义回报率大概是10%）。

不过，令我担心的倒不是《股市长线法宝》一书所提供的信息。知识没什么不好，就像英国近代哲学家弗朗西斯·培根爵士所说，“知识就是力量”。我担心的是，太多人都坚信，股市的历史会重演。但是，我们深知，要看清股市的未来，不是研究股市的历史，而是我们在第二章中讨论的看清股票收益的来源。

专家……又错了

专家经常出错，这似乎是一个不言而喻的事实，你也许早就在怀疑，还有谁会蠢到用过去的历史资料去预测未来的收益率。但是，就是有人这么蠢，股市里依然有很多专业投资顾问和分析师会犯下这样的错误。看看时下最流行的蒙特卡罗模拟吧。这些模拟法基本上都是先计算股票的月收益率，再把这些月收益率丢进搅拌机里搅拌，接着用概率模型进行似乎是没完没了的排列和组合。这些模拟法最大的问题是，它们的数据仅仅依赖于历史的总收益，却忽略了这些收益的来源。

投机性回报，是基于投资者愿意为每一美元的企业盈余支付的美元数量的变化——价格与收益（P/E）之比，长期来看，它倾向于回归到零。是的，企业的盈利增长率倾向于与整体经济的名义增长率匹配。（情理之中！）但问题是，股利收益率对投资收益率的贡献并不取决于历史数据，而是取决于在预测未来收益时实际存在的股利收益率。如果 2008 年 7 月的实际股利收益率是 2.3%，那么，就算历史上到当时为止的平均股利收益率是 5% 又有什么意义？（是的，完全没有意义。）而在 2008 年中，投资者对于股票实际收益的合理预期应该在 5% 左右，而不是历史上的平均 7%。还有比这更简单的事情吗？但这往往是复杂计算的问题：这些数字无法传达简单的真理。

即便是经验丰富的公司高管和他们的退休金顾问也犯了同样的错误。事实上，典型的企业年度报告通常会明确表示："我们的资产收益率假设源于我们的精算师和资产管理团队进行的详细研究，并基于长期的历史收益率。”令人惊讶但也很自然的是，这一政策会导致企业随着过去收益率的每一次增长而提高对未来的预期，这与理性的正确做法恰恰相反。

以20世纪80年代初期为例，那时牛市刚刚起步，各大企业对退休金资产（债券和股票）所假定的预期收益率是7%。2000年初，股市涨到最高点，几乎每一家公司都因此将其假定的预期收益率大幅调高至10%，甚至更高。然而，退休金投资组合要在股票和债券之间取得平衡，不能只买股票，也必须买一部分债券。于是，他们偷偷地把股票的预期年收益率调得更高，有些公司甚至调到15%。没想到，接下来的熊市使得那些数字就像个天大的笑话。

公司的首席财务官如果愿意把计算机关掉（把他们固有的自私自利放在一边，尽量将退休金计划的缴款减到最少），再把凯恩斯的著作拿起来好好读一读，他们就会明白数字永远不会说出的真相：推动繁荣的所有情绪所产生的泡沫——乐观、繁荣、贪婪，这一切都包裹在世纪之交的兴奋之中，包裹在信息时代与新经济所带来的梦幻般的希望之中——必将破灭。因此，股市的繁荣一定是空中楼阁。最终，在2000年3月底，当那些乐观的10%的预期增长率被印在光鲜的年报中的时候，股市泡沫破灭了。

假如投资者足够聪明，就会根据当前的收益来源预测未来的收益率，而不是落入用过去的收益率预测未来收益率的陷阱。2000年初，股利收益率跌到了破纪录的低点，只有

1%，而 PE 倍数则逼近了有史以来的最高点，已经达到 32 倍。这两件事情解释了为什么在最近 10 年里，股票的平均收益率会降到 1% 以下。如果市场维持在 2009 年底的水平，近 10 年的平均收益率将成为史上第二低。（只比 20 世纪 30 年代好那么一点儿，标准普尔 500 指数成分股在那 10 年的平均年回报率是 0%。）

企业：过度乐观

被过度依赖于数字所带来的风险侵蚀的不仅仅是资本市场。我们的企业也要为此负责，它们靠着数字来管理公司，给公司经营和整体经济带来很严重的后果，这种影响是广泛而深远的。

众所周知，首席执行官（CEO）们在预测自家公司的增长方面几乎没有正确的时候。但他们这种过度乐观的偏见，以及他们利用（或者更确切地说，滥用）数字来支持乐观偏见的做法，至少有利己主义的借口。证券分析师本应该以更客观的眼光审视这些数字，但他们一次又一次不加批判地戴上玫瑰色的眼镜，对这些数字睁一只眼闭一只眼。

企业会定期向分析师发布所谓业绩指引，过去 20 年来，华尔街的证券分析师都会根据这些业绩指引，定期预测未来 5 年的平均收益增长率。平均而言，预计年增长率为 11.5%。但实际上，在接下来的 5 年里，每 20 家企业只有 3 家能达成目标。这些公司实际的收益增长率平均只有最初预估水平的一半左右，大概是6%。

我们对预测情况和现实结果之间的差距不应感到意外。事实上，美国企业的盈利情况和经济的发展有很密切的关系，甚至可以说息息相关。企业利润仅占美国GDP的4.5%以下的年份很罕见，利润占美国GDP的9%的年份也几乎没有。事实上，自1929年以来，美国企业的税后利润以每年5.6%的平均速度在增长，落后于6.6%的GDP增长率。在弱肉强食、竞争激烈、消费者为王的资本主义经济体系里，美国企业的利润增长率怎么可能超过GDP增长率呢？

我们的乐观偏见也导致另一个严重的问题。在一个没有引起太多注意的趋势中，我们已经改变收益的定义。尽管自标准普尔多年前开始收集资料以来，企业向股东报告的收益一直是美国通用会计准则（GAAP）的标准，但近年来，这个标准被改成了营业收益。

从本质上讲，营业收益是指没有存货重估和资本冲销等乱七八糟的支出的报告收益，这些支出通常是早年不明智的投资和并购的结果。这些支出被认为是非经常性的，尽管对作为一个整体的公司来说，它们年复一年地出现，且具有显著的一致性。过去10年，标准普尔500指数成分股的报告收益平均是每股51美元，而平均营业收益是61美元。随便一算我们就能发现，营业收益这个虚幻的数字比我们能够信任的真实数字高出了20%。

不仅仅如此，我们现在还用备考盈利——这是一种可怕的表述方式，让一个原本很好的术语重新得到使用（或者再次被滥用）——来报告企业的业绩，把影响业绩的部分去掉。这种粉饰太平的计算把我们往错误的方向又推进了一步。如今，就连审计师审计过的盈利数据也不可信了，因为重新发布盈利报告的企业数量暴增了近 18 倍——从 1997 年的 90 家增至 2006 年的 1 577 家。这样的财报是精确可信的吗？几乎不可能。实际上，如今的企业财报可以说漏洞百出。

宽松的会计准则（即宽松的计算标准）使得企业有可能凭空创造出所谓的收益。有个非常普遍的做法是这样操作的，先进行一次收购，把大笔收购费用列为非经常性支出，若干年后，当需要美化公司下滑的业绩时，只要反向操作就可以产生利润。不过，这些还仅仅是美国会计准则问题的冰山一角：轻率地将很多大型项目归类为不重要的东西；大肆宣传退休金计划的预期收益；企业通过借钱给消费者让其有能力购买自己的商品和服务，然后顺理成章地将销售额列入自己的收入；在季度末，企业会为了冲业绩而强制做几笔交易。如果无法实现预期业绩，只要把数字改一改就可以了。我们所谓的“创造性会计”其实与“不诚实会计”仅一步之遥。

计算在现实世界中的后果

当我们的政府编造我们赖以衡量经济表现的数据，当我们的金融机构高度依赖于历史数据，当我们的企业奉行一种任性的、利己的乐观主义时，这些行为所引发的问题远远超出了数字层面。这些行为对社会造成了极大的负面影响。

比如，投资者如果相信股市的收益率可以用某种精算表计算出来，他们就不会为投资收益的多变性风险以及投机收益的不确定性风险做好准备。结果就是，投资者会随着当下的市场情绪摇摆，做出不明智的资产配置决策。那些犯了这个错误的退休金计划，必须在市场做出调整时追加资金投入。投资者如果将他们的退休金计划建立在金融市场提供的历史收益率上，然后无视金融中介成本和税收（更不用说通货膨胀了）所带来的惊人代价，那么退休后他们手中的钱会少得可怜，根本无法确保他们退休后过上舒适的生活。

另一个现实世界的后果是：在金融市场的倒逼下，企业不得不编造实际上不可持续的盈利增长。企业如果无法靠脚踏实地、苦干实干来达成金融市场的数字目标，比如在长期经营中，提高生产率，升级老产品，创造新产品，提供更友善、更及时、更有效的服务，提高员工的工作效率（这些就是最优秀的企业获得成功的方法），它们就会另辟蹊径，使用那些会从你我、从整个社会榨取价值的招数。

金融为企业吹响号角

其中一种招数，就是采取激进的并购策略。即便大多数并购行为都无法达成企业的预定目标，遵循这些策略的公司在 2002 年《纽约时报》刊登的一篇文章还是被描述为“并购者以一连串令人眼花缭乱的交易，来掩盖其长期以来经营不善的事实”。现代最臭名昭著的例子当数泰科国际公司。该公司在最后清算日到来之前并购了 700 家公司。然而，正如《纽约时报》那篇文章阐述的那样，连续并购策略几乎注定会失败：“市场客观规律决定了其（数字）帝国很快会土崩瓦解。”

许多并购活动已经达到荒谬的程度。2007 年 5 月，专栏作家迈克尔 · 金斯利在《纽约时报》发表的一篇文章中指出，沃伦 · 阿维斯在 1946 年萌生了一个商业创意，于是就创办了阿维斯机场租车公司。两年后，他把公司卖给另一个生意人，这个生意人把阿维斯卖给一家叫阿莫斯克亚格的公司，阿莫斯克亚格公司把阿维斯卖给拉扎德公司，而拉扎德又把阿维斯卖给美国国际电话电报公司。故事说到这里，也不过才到 1965 年！金斯利说，阿维斯前后共换过 18 个老板，每换一次，“都要付给银行家、律师很多费用，还要付给高管团队很多赔偿金（以买断过去的工作和签约新公司为名），同时还得编很多理由来说明公司是不得已而为之的”。

从那时起（说来话长），阿维斯再次公开上市，然后被大集团（诺顿西蒙、埃斯马克、贝翠斯食品公司）并购；之后被卖给投资公司 Wesray Capital，Wesray Capital 又把阿维斯一半的业务卖给 PHH 集团（从事按揭证券业务），把余下的业务卖给阿维斯的员工，而阿维斯的员工随后把这部分业务卖给 HFS 公司，HFS 将阿维斯上市，之后阿维斯收购了 PHH，阿维斯租车公司又合体了。紧接着，刚完成合体的阿维斯被美国胜腾集团并购。啃！

金斯利总结得很精彩："现代资本主义有两部分：企业和金融。企业能让你在机场租到车，金融却是另一回事。"今天，企业大都离不开金融。（摆脱不了我们之前见过的明斯基的阴影。）按照我的估算，与阿维斯租车公司的股东们相比（他们才是这家公司的所有者），参与阿维斯租车公司每一次交易的金融从业者从历次交易中捞到的钱远远超过了股东们赚到的钱。

石头、剪刀、布

阿维斯租车公司是个很好的例子，它有力地说明了一件事：有太多所谓产业公司已经变身为金融公司了——擅于计算，但不事生产。看看当今首席执行官最倚重的左右手，几乎都是首席财务官——在投资界，这些人往往是幕后决策者。金斯利在《纽约时报》的那篇文章中说得很好："它们（金融公司）在制定策略时，关心的不是对所涉足的产业有多少认识，而是假定自己只要能搞到有利可图的交易，就能比现有的金融市场更好地配置自己的金融资源。"

你或许还记得小孩子玩的"石头、剪刀、布"游戏。我在《为资本主义的灵魂而战》中说过，在股市狂热之际，公司股价和价值脱钩，“布”吃掉了“石头”。精于计算的像“布”一样的公司，可以吃掉擅长制造、像“石头”般强大的企业。但这种操作带来的后果是毁灭性的，就像美国在线（AOL）和时代华纳的合并，奎斯特通信和美国西部科技公司的合并，以及美国世界通信公司和MCI（美国一家电信公司）的合并。这些都是企业激进并购的经典案例，曾经的产业巨擘在股市繁荣的时代被收购并陨落，更糟糕的是，数十万忠心耿耿的老员工不仅丢了饭碗，还得眼睁睁地看着退休金大幅缩水。

给判断力一次机会

我绝不是因为自己数学不够好才这么说，我得说清楚，我并不认为数字不重要。为了沟通财务目标与绩效，计量标准（如果你愿意，也可以称它为数字）很基本，也很重要。这一点我很清楚。40年来，我一直致力于创办一家公司（也是一家金融机构），并且努力实践一些常识性投资理念，秉持人文价值观与道德标准，重视我们与客户之间的信任关系。我们尽量不用量化的目标，也不强调各种统计数据上的成就。但正如我说过的，对我们而言，市场占有率只是一种衡量的工具而非目标。先锋领航集团的市场占有率是靠实力获取的，而不是买来的。但事实是，28年来，先锋领航集团在基金行业的市场占有率不断提高，增长趋势从未中断。

我们的策略来自一个信念：最好的企业成长策略，一定会把“为客户提供优质的服务”置于盈利目标之上。成长，一定得顺其自然，不能拔苗助长。当然，没有哪家企业可以完全不在乎数字，像先锋领航集团这样的大企业更是如此，不过，我能经常感受到重视信任的公司和重视数字的公司在管理风格上的差异。我衷心希望，任何在先锋领航集团工作过的员工都会将我们归类为重视信任的公司。这几十年来，我一直强调这个思想，全公司数不清的办公桌上都贴了这句格言：

> 看在老天的分儿上，我们一起努力，永远把先锋领航集团保持为一个判断力至少有机会战胜过程的地方。

信任的精神

我对信任的执着归功于“黄金准则”。毕竟，《圣经》教导我们去爱身边的人，但它并未让我们量化邻居的品格；中国传统哲学教导我们己所不欲，勿施于人，勿以其人之道还治其人之身。在先锋领航集团，我们认可的守护神是英国海军英雄霍雷肖·纳尔逊勋爵。他是先锋号战舰的舰长，也是男人的典范，后来在特拉法尔加战役中为国捐躯。“黄金准则”在他身上体现得淋漓尽致，2005 年 10 月 23 日，是他牺牲两百周年纪念日，我和妻子伊芙在伦敦的圣保罗大教堂听布道，那天的布道是这么形容纳尔逊的：

> 确实，纳尔逊是一位能力突出、工作努力的领导者……但是在抉择的时候，领导者需要保持必胜的信念以倾听内心的呼唤。这些源于健康的自信心以及在最极端情况下战胜恐惧并鼓舞他人的能力。任何希望培养出杰出领导者与追随者的教育，都必须非常严肃地确保形成这种必胜的信念。
>
> 然而，我们生活在一个奇怪的时代，元素周期表和其他任何东西可以被量化并沦为数学公式，数学被视为准确表述事物的方法，世界传统智慧的《圣经》与教义被视作死去的圣贤们值得商榷的观点。
>
> 纳尔逊的人生观与价值观源于一个传统的精神世界。纳尔逊不遗余力地为他的船员服务。他对人们表现出了一种具有感染力的信任，这种信任让他们投身于他所信仰的事业……相信人们是可以被信任的，这有助于他们成为值得信任的人。

先计算，再判断？

如今，计算显然战胜了信任，接下来我们能做些什么？为了寻找答案，我向戴维·博伊尔求助。博伊尔是英国著名的社会评论家，也是《我们的不满之心》的作者。

> 我们……生活在被数字和计算淹没的时代。我们逐渐被“目标”控制住了。……可怕的是，仅仅因为计算机能够计算、衡量几乎一切事情，我们就理所当然地把所有事情都交给计算机去处理。曾经有一段时间，我们能够信任自己的判断、常识和直觉，并依此判断自己是否生病了。如今，我们却面临着如果不先计算，我们就什么都做不了的窘境。
>
> 对凭直觉即可获知答案的人性问题来说，数字和计算就如同“皇帝的新衣”般脆弱。我们越是用计算的方式衡量真正重要的事物，它们就逃得越远。其实，我们往往能很轻易地识别这些事物，甚至能一眼看穿。多依赖自己的眼睛和本能去抓住重要的事物是再好不过的了。

不过，认为“计算”必须让位于“信任”的并不只是社会评论家。我们来听听商界楷模比尔·乔治是怎么说的：“信任是一切，因为成功取决于顾客信任他们所购买的产品，取决于员工信任他们的领导，取决于投资者信任帮助他们管理资金的人，取决于公众信任资本主义……如果你不坚守诚信，没有人会信任你，也没有人应该信任你。”

我们已经没有别的路可走

请千万不要误会我，我十分重视和尊重数字。没有人比我更清楚商业竞争的激烈程度。用英国著名哲学家托马斯·霍布斯的话说，绝大多数企业的命运是“孤独、贫困、污秽、野蛮而又短暂的”。拒绝竞争的结局一定是灭亡。在这种情况下，我们别无选择，只能制定客观、可衡量的目标，让成绩可以被量化。但我也很清楚一个深层智慧：缺乏信任基础的数字，往好了说不过是万事皆空，往坏了说却会带来很大的隐患。

不管你是否同意我的观点，这么多年一路走来，我始终都知行合一。大约 40 年前，1972 年，我担任威灵顿管理公司的负责人，在当年的年度致辞中，我引用了美国著名民意测验专家丹尼尔·扬克洛维奇关于“过度相信数字”的表述作为结束语[1]：

> 第一步，衡量容易衡量的事物，这一步倒是无可争议。第二步，把无法衡量的事物丢到一边，或是随便给这些事物定个量化的价值，这很矫揉造作，也具有误导性。第三步，假定无法衡量的事物并不重要，这就是掩耳盗铃了。第四步，宣称无法衡量的事物其实并不存在，这一步无异于自杀。

1 扬克洛维奇毕业于哈佛大学，他创立于当时首屈一指的营销研究公司，他比大多数人都更清楚数字的使用和滥用。

我相信，这番话放在今天来看依然正确，也比过去更契合现实。商业组织必须牢记，“并非所有可以计算的事情都至关重要”。然而今天，我们过于依赖数字，对信任的依赖却严重不足。亡羊补牢，为时未晚，我们现在应该在两者之间找到一种更合理的平衡。

第五章

商业考量太多，专业操作太少

从传统价值观根深蒂固的旧时代，到价值观变得灵活、数据主宰一切、道德标准日益模糊的今天，最令人不安的一件事，就是专业机构慢慢演变成以商业活动为主的企业。就像权力会使人腐化一样，金钱也腐化了国家公共机构的正常功能。

但事情并非一直如此。40多年前，美国艺术与科学学院享有盛誉的著名杂志《代达罗斯》意气风发地宣称：

> 在美国人生活的任何地方，专业都是绝对的主导。

但2005年《代达罗斯》夏季刊在重温这个主题时却说，专业主导的时间十分短暂。“从新技术普及到赚钱的重要性日益增长，我们的专业人士逐渐受到一系列全新的压力。”文章还说，“使命感的观念已经被强大的市场力量摧毁，那些市场力量太过强大，以至我们越来越难区分专业人士和那些拥有权力与资源的非专业人士到底有什么不同。”

我们先来想一想，当谈及专业和专业人士时，我们指的到底是什么。《代达罗斯》杂志的文章给出了专业的定义，文章认为，专业具有以下6个特征：

1. 致力于客户的利益，以及社会整体的利益。

2. 熟练掌握理论与专业知识。

3. 拥有某一特定领域的专业技能，以及与之相匹配的经验和业绩。

4. 拥有在道德不明确的情况下，以诚信正直做出道德判断的能力。

5. 拥有从个人和集体的经验中有效学习的能力，能够从实践中获取新知识。

6. 能发展出专业团队，监督和确保本领域的从业人员和专业教育人士的质量。

《代达罗斯》杂志又加上了一段精彩的话：“任何专业性的主要特征都是负责、无私和明智地服务……以及在专业人士与社会大众之间建立一种内在的道德伦理体系。”

世殊时异

提到专业人士，大多数人首先会想到医生、律师、教师、工程师、建筑师、会计师和牧师。我认为，记者与受托管理他人财富的受托人至少在理论上也算专业人士。然而，在很多专业领域，传统的价值观已经崩塌。这种情况发生的本质原因在于，现代社会过于看重精准计算的能力，其实这种能力并没有那么重要。不受约束的市场力量不仅对社会传统中人们对专业的信任构成了巨大的挑战，而且在某些情况下，甚至摧毁了几个世纪以来形成的专业行为规范。

遗憾的是，包括我为之奉献一生的基金行业在内的金融服务业似乎在这些有害力量的发展中都起了带头作用，这导致我们逐步丧失可信性。财富管理行业在过去是专业属性胜于商业属性，而如今专业却成为商业的附庸。

哈佛商学院教授拉凯什·库拉纳对专业人士操守的定义一针见血："我要为社会创造价值，而不是榨取价值。"经济活动中的大多数人都在努力创造价值。价值是由我们之前提到的那些专业人士创造出来的，还有商品制造商、服务提供者、工程师、建筑商等等，但不是金融业创造出来的。[1] 正如我前面提到的，财富管理业从企业赚到的收益中提取价值，但是

---

1 有些经济学家认为，超额奖酬如果没有流向那些报酬来自创造财富的人的手中，而是流向那些报酬来自财富再分配的人的手中（他们把政府、法律业和金融服务业，包括股票交易员和基金经理单独挑出来），经济就会蒙受损失。这些报酬来自财富再分配的人和报酬来自创造财富的人（建筑商、制造商和工程师）形成对比。然而，矛盾的是，如今，在大学工程专业中，学生人数增长最快的专业并不是传统工程学（航空、电气、机械工程学等等），而是那些可以让人成为对冲基金经理或华尔街"计量金融分析师"的"金融工程"。

在追求自身商业利益最大化的过程中，该行业似乎与专业性渐行渐远。

抛弃专业操守会带来严重后果，这样的例子随处可见。在公共会计领域，美国曾有八大会计师事务所（现在只剩最后“四大”了），八大会计师事务所从审计业务入手，一步步开始为其审计客户提供利润丰厚的咨询服务，它们成为管理层的生意合作伙伴，而不再是普遍遵从（如果不是严格执行）会计原则的独立而专业的评估者。2003年破产的安达信会计师事务所，以及在它之前爆出丑闻的大客户安然都宣告破产了，这便是利益冲突关系带来严重后果的一个戏剧性的例子。

我并不是现在才开始关心这件事。我以前写过很多文章，探讨新闻业中商业价值观与专业价值观的失衡现象，即发行部的重要性逐渐凌驾于编辑部之上。近年来，美国几份重要报刊比如《纽约时报》《洛杉矶时报》《华盛顿邮报》等等，都陆续爆出丑闻。司法界也未能独善其身。法律人士的专业操守过去一向很好，但今非昔比，声誉的威望敌不过金钱的诱惑。最近有两位著名的辩护律师因刑事指控而被监禁，这不过是冰山一角。

医疗行业也未能幸免。基本的人道主义和病人的人文需求让位于众多主体的商业利益，比如，我们庞大的由医院、保险公司、药品制造商和药商，以及卫生保健组织组成的医疗保健综合体。

锤子和钉子

总之，与客户的专业关系已经被越来越多地重塑为与客户的业务关系。在所有服务用户都被视为客户的世界中，所有服务提供者都将成为卖方，换句话说：当服务提供者成了锤子时，客户就会被视为钉子。我很清楚，每种职业都有商业元素。事实上，如果收入无法覆盖支出，没有任何组织能够存活，即使是崇高的宗教机构也不例外。但随着我们引以为傲的许多职业逐渐转变其传统观念，不再以客户利益为上，而是成为只追求竞争优势和利润的企业，依赖它们提供服务的人自然成了输家。

几年前，知名作家罗杰·洛温斯坦有过类似的观察，他感叹，源于古老世界的观念，比如诚信、道德，还有对顾客忠诚的“加尔文主义者的正直”正在消失。他写道：“美国的专业机构已经变得过于商业化……会计师事务所竟然赞助高尔夫球赛。”而且，他可能还会补充说，共同基金经理不仅在做同样的事情，还会买下体育场的冠名权！[1] 他总结道，“争取专业独立性的战争永远都不会成功”。

---

1 银行家和投资银行家也加入这一潮流。据报道，花旗集团从 2008 年初到年中已经亏损 170 亿美元（更别说还裁掉了 2.8 万人），尽管它已经焦头烂额、疲于奔命，但还是重申购买纽约大都会棒球场冠名权的计划，打算把这座球场命名为花旗球场，成本是 4 亿美元。

资本主义改变了价值观

我们的商业企业也远离了传统的资本主义价值观。当代资本主义的起源可以追溯至18世纪末的英国工业革命。资本主义的兴起正是得益于企业家精神和冒险精神、筹集资本、激烈的竞争、自由市场、有效利用资本增值等因素。然而，早期资本主义得以有效运作的核心是信任与被信任的基本原则。

这并不是说，资本主义长期以来从未遭遇严重挫折。资本主义的有些问题源于道德层面的堕落，例如早期工厂里虐待工人（经常是童工）的现象。还有违反公平和公开竞争的规则等其他问题，例如石油托拉斯和昔日的强盗资本家。20世纪后半叶出现的问题则是：对资本主义结构本身的侵蚀。不仅仅是“信任与被信任”越来越不重要，连企业的所有权人在系统的运行中都变成了次要角色。

所有权人，而非代理人

依我看，事与愿违的发展趋势背后有两股主要力量。首先是我所描述的从所有权人资本主义到经理人资本主义的病态突变。我们过去的“所有权人社会”，即企业的股权直接掌握在股东手里的管理模式已经无法继续有效运作。自1950年以来，美国股票由散户直接持有的比例，从92%暴跌到 26%，但由机构投资者间接持有的比例，却从 8% 上升到 74%，彻底推翻了原有的所有权人结构。过去的所有权人社会已经消失且一去不复返。取而代之的，是一个全新的、由金融业掌控美国企业的“代理人社会”。

然而，这些代理人并未尽心履责。我们的企业、退休金经理和共同基金经理经常把自己的财务利益置于委托人的利益之上，而这些委托人代表着 1 亿户家庭，他们是我们共同基金和退休金计划的受益者。

虽然所有权人结构的这种突变解释了美国资本主义体系所发生的大部分变化，但还有第二股力量让这个问题愈发严重。这些刚刚被赋予更多权力的代理人，似乎很快就把信任、谨慎等基本原则抛到了九霄云外，他们从长期投资转向短期投机。当投资者重视的不是企业的内在价值而是股价时，首先出问题的将是公司治理。试想，假如一年后你未必持有这些股票，你又怎么会关心代理股票的问题？

对这两股力量叠加起来造成的后果，亚当·斯密在 200 多年前就提出了警告，但是这个警告好像一直未受到人们重视：

> 替别人管钱的经理人，很少像管理自己的钱那样，谨慎又警觉……他们守护着自己的家园……他们很容易替自己开脱，玩忽职守与草率挥霍的现象屡见不鲜。

这个时代正是如此。玩忽职守与草率挥霍在公司的管理团队和基金经理身上体现得淋漓尽致，他们几乎完全不顾及对股东的责任和义务。替别人管理钱财应该如履薄冰，这是过去这一行所奉行的专业规范，但如今，这些代理人似乎都没有意识到，自己已经把规范忘得一干二净了。套用知名作家厄普顿·辛克莱的话说，就是："一个人如果不需要搞懂某件事，就可以赚到一大笔钱，那么，要这个人去搞懂这件事简直比登天还难。"

CEO 的薪酬：多少才够？

今天，"一笔巨款"已经不足以形容企业付给高管的薪酬了。造成这种情况的是两股力量的共同作用，即委托代理问题以及新股东对股票短期持有的策略。商业价值观与专业价值观之间最大的差别在于金钱所扮演的角色。从商业角度来看，钱是越多越好，然而从专业角度来说，钱的重要性远不如道德标准与社会服务。

企业高管的薪酬水平如今已经高到令人瞠目结舌的程度。但这些 CEO 到底对经济贡献了多少价值？我实在看不出来。我在《为资本主义的灵魂而战》中，也对这个问题下过结论：

> 1980 年，CEO 的平均薪资是一般职员平均薪资的 42 倍；到了 2004 年，这个比例上升到 280 倍（2000 年达到了

531 倍的峰值）。过去 25 年，以现行购买力计价，CEO 的薪资整体上涨了差不多 16 倍，与此同时，普通员工的平均薪酬才勉强增加了一倍。然而，如果用 1980 年的货币购买力推算，普通员工的平均薪酬每年只增加了 0.3%，仅仅是勉强糊口。可是，CEO 的薪资却以每年 8.5% 的速度增加，他们的薪酬在这段时间内增加了 7 倍以上。薪酬增长的合理原因应该是 CEO 们为股东创造了财富。但是，如此的增幅与他们创造出来的价值是否匹配？平均而言，非常不匹配。扣除物价因素，企业利润总额的年增长率仅为 2.9%，而以美国 GDP 为代表的美国经济增长率是 3.1%。在企业利润总额增长率并不乐观的情况下，2004 年 CEO 的平均薪酬怎么会达到令人咋舌的 980 万美元呢？这真是这个时代的难解之谜。

最近几年，很多公司的股票回报率几乎没有增加（通常还减少了），然而，CEO 的薪酬依然保持着很高水平。理由是什么？前面提到过，美国企业的收益多年来在 GDP 中所占的份额一直相对稳定，并没有明显增加。所以，企业业绩并不能作为加薪的借口。更何况，CEO 的薪酬以前是普通员工平均薪酬的 42 倍，2004 年却暴增到 280 倍，如今更是涨到一般职员平均薪资的 520 倍，高达 1 880 万美元，几乎是 2004 年的两倍。

如果 CEO 作为一个群体其能力是（甚至肯定是）普通的，

那么我们该如何解释他们薪酬暴增的现象？还有一种说法是，他们的薪酬反映了一种趋势：不管哪一行，只要是能力最强的，或是运气最好的，其薪酬上涨的幅度都很大，例如电影和电视明星，职业棒球、篮球和足球运动员。明星运动员和影视红人的薪酬当然是天价，但他们的薪酬都是直接或间接由粉丝买单的，而且球队或电视台的老板也都心甘情愿地从口袋里掏钱付给他们（因为这些明星帮他们赚了大把钞票）。这个交易很公平，相较之下，CEO 的薪酬由董事会支付，但并不是董事们自掏腰包，而是拿股东的钱来支付。从这个例子我们就可以知道，在美国现行投资体系下，委托代理问题有多严重。我们只关注商业经营，不关注专业操守。

问责形同虚设

最根本的问题在于：股东对 CEO 的薪酬基本上没有话语权。本杰明·格雷厄姆很久以前就谈过这个问题，他的看法很正确。他发现，就法律权利而言，“股东才是老大，只要经过多数股东同意，股东就可以聘用或开除高管，他们也可以要求高管按照股东的意愿行事”。但是，从实际行使股东权利的角度来看，“股东跟废物没什么两样……他们既不精明，也没有警觉心……不管高管过去的业绩有多糟糕，只要是高管们提出的建议，他们就会像小绵羊一样乖乖同意”。格雷厄姆的这番话写于 1949 年，当时看来很有道理，放在今天依然适用。

由于股东缺乏对董事会的问责，委托代理问题主要通过三种形式渗透到公司的治理体系中。第一，是拿着高薪且整体上控制了全美上市公司股权却对这个问题漠不关心的基金经理。第二，是基金经理面对的利益冲突，一方面，他们受基金投资者和退休基金受益人之托，但另一方面，他们也负责募集和管理基金与退休基金账户名下的资产，后者能带给他们更多的经济利益，而前者只是责任。第三，绝大多数基金经理都不再秉持长期投资的理念。从逻辑上来说，长期投资就需要密切关注公司治理方面的问题，而现在他们只关心短线，持有一家公司股票的时间平均不到一年（这在逻辑上导致他们对公司治理问题漠不关心）。

有个办法也许可以解决这三个问题：允许股东对 CEO 的薪酬进行非约束性表决。这个办法的执行成本可控，还能强迫实际掌控美国上市公司的基金经理们承担起应负的责任，为了增加全社会的福祉做个尽职的企业公民。

内在价值并非股票价格

应该没有人会对 CEO 的薪酬随着公司股票上扬而水涨船高感到惊讶，毕竟在 CEO 的薪酬结构中，期权占了很大比重，如此一来，CEO 的薪酬不跟着股价一起增长才是怪事。但对于这种把 CEO 薪酬与股价挂钩的做法，我非常不认同。我们都知道，股价在短期内的波动尽管可以体现为具体的数字，但并不能真实反映公司的价值。CEO 的业绩评价应该建立在长期持久的企业内在价值的基础上。这种内在价值虽无具体数据可循，却是实实在在的。（这是个悖论。）

基于企业内在价值的变动对 CEO 进行奖励要合理得多。比如，我们也许可以根据企业的盈利增长、现金流（更重要但也更难操控）、股息增长等指标决定 CEO 的薪酬，我们也可以用同行业、上市公司整体（例如，标准普尔 500 指数的所有成分股）的资本回报率作为参考来决定 CEO 的薪酬。不过，这些测量必须在一段较长的时间内进行。此外，只有达到某种最低要求回报率，超过公司资本成本时，CEO 才能拿到奖金。当然，要达到这些目标极富挑战性。但是，勇于面对挑战，不正是企业成功的关键吗？

业绩，才是最重要的

这个明显有问题的 CEO 薪酬制度，归咎于薪酬咨询顾问这一行业的兴起。首先必须明确的是，一个总是建议降低 CEO 薪酬，或者建议企业制定更严格的 CEO 薪酬标准的薪酬咨询顾问，肯定不会有生意。更糟糕的是，咨询业通行的方法就是把 CEO 的薪水按四档来分，而这必然会带来齿轮效应。

研究发现，董事会通常非常认可他们的 CEO，如果董事会发现自己认可的 CEO 的薪酬落在第四档，他们就会设法加薪（比如加到第二档）。这样一来，市场上就会有另一位CEO的薪酬落到第四档。然后，这位落到第四档的CEO的董事会又会帮他加薪。这些年来，CEO的薪酬之所以不断攀升，就是因为薪酬咨询顾问的推波助澜（当然，让这群顾问赖以维生的是建议更高的CEO薪酬，而不是相反）。

这种方法根本就是错误的，后果也显而易见：CEO的薪酬总是上涨，几乎不曾下降。巴菲特十分讨厌薪酬咨询顾问，他称这些从业者为“高一点儿，再高一点儿，好了！”公司。而除非我们改为依据本公司业绩而不是同行业的薪酬标准为CEO支付薪酬，否则CEO的薪酬就一定会只增不减。

最后一点，CEO的薪酬应该包含附条件生效条款。他们的奖金应该分成若干年发放，他们的期权也应分阶段行权。比如，第一次行权只能执行50%的期权，在接下来5年内每年行权10%。CEO的薪酬应附加追回条款，如果CEO为了拿到更高的薪资而决定采取激进的策略让企业承受很高的风险，那么，当策略失败造成股价暴跌风险反噬（就像当前的金融危机那样）时，CEO就应该把先前领取的丰厚报酬全部吐出来。

重要人物和重要原则

要让专业在商业中扮演更重要的角色并非易事。不过，确实有条路可以试试。我是受到一封寄给我的信件上一个我无法忽视的错字的启发想到的。这封信来自美国企业卓越中心，它宣布通用电气荣获由其颁发的“公司治理长期卓越奖”，信中引述了通用电气总裁杰弗里·伊梅尔特关于“健全的公司治理负责人（principal）”的重要性的话。

显然，这封信把原则（principle）错写为负责人了。不过，我突然发现，这真是一个发人深省的错误：毕竟，不管企业制定了多少道德原则，如果没有重视道德的负责人带头遵守，再多的原则又有什么用呢？我们非常需要更多负责任的管理者，让这些道德原则融入企业文化。

我相信，我们能制定出一套规范企业及其管理者的原则，引导他们回归传统的专业标准。事实上，几乎所有上市公司都已经制定了道德规章，并公开发布，供所有人参考，甚至一些人还常常把规定挂在嘴边。但我们都看到了，太多管理者野心勃勃，为了达成企业营收与收益增长的目标，丝毫不把规章当回事。

公司的董事们嘴上也都说会尽忠职守，代表股东、维护股东的权益。但这没有意义，也只是说一说，根本没有几个董事会真的把“维护、保障并捍卫公司资源与股东权益”当成最重要的事。事实上，CEO尽管是高管，也是员工之一，必须通过董事会向股东负责，但很少有CEO真的这么想。更有甚者，某些自视甚高的CEO反而认为，股东价值全是他们创造出来的，他们根本不把数以百万计每天努力工作、为企业创造价值的员工的巨大贡献放在眼里。更糟的是，这些员工的薪水都很微薄，就好像他们真的没什么贡献一样。

我们看到企业大力鼓吹所谓平衡计分卡，呼吁要公平对待公司的其他支持者——客户、员工、供应商、当地社区、政府和公众。然而，报纸上天天刊登的都是完全相反的报道。试问，企业制作的财务报表真实吗？那些本应独立、严格遵守美国通用会计准则的审计人员真的独立吗？难怪我们这个时代最大的工程奇迹就是金融工程。

今天的负责人比他们的前辈更没有商业原则吗？不，不一定，但是我认为，如今的企业在道德原则方面做了太多妥协。就在几十年前，企业行为的标准还是绝不含糊的：

> 有些事情坚决不能做。

但今天，我们的标准变得模糊起来：

> 别人都在做，我应该也能做。

我们的社会不应容忍用道德相对主义来取代道德绝对主义，这会让企业的商业道德标准每况愈下。

只有资本家能杀死资本主义

所有在商业世界担任负责人的人，都有责任为企业和行业建立不打折扣的专业原则，也应该维护、保障并捍卫这些原则。我们如果做不到（近年来经常如此），社会上就会弥漫不满的情绪，社会的弊病就会变本加厉。知名金融家费利克斯·罗哈廷对此的认知比我更深入。罗哈廷是拉扎德投资银行的前执行董事，深受大家爱戴。他几年前在《华尔街日报》上说：

> 我是个美国人，也是个资本家，我相信，市场资本主义是有史以来最好的经济制度。但是，市场资本主义必须是公平的，必须是规范的，也必须是合乎道德的。近年来发生的事情已经证明，金融资本主义和现代科技因人类赤裸裸的贪婪而遭到滥用，变得毫无节制。能够杀死资本主义的，只有资本家。我们的经济制度不能再忍受近年来经常可见的这种滥用，也不能再忍受我们今天看到的金融和社会的两极分化。

今天，我们过于重视商业而轻视专业。商业标准已经凌驾于专业标准之上，这会带来什么后果，我们已经在企业和金融市场中见识到了。我们也不应否认，企业的首要任务是赚取利润，但是，我们应该要求企业以专业的道德操守来经营。我们的社会需要重拾 40 年前在这个国家盛行的、对我们的社会有着巨大影响的专业价值观。

第六章

销售太多，服务太少

对我来说，承认共同基金行业在很多方面摧毁了商业与投资的价值观是格外痛苦的。所以在这一章，请允许我谈谈自己在 1951 年进入的行业，探讨这半个世纪以来行业内发生的巨变。我们按时间先后来看看这些变化是如何让基金行业从过去的重视服务转变为今天的销售至上的。

其中最明显的变化，是基金行业经历了惊人的成长。曾经的侏儒长成了如今的巨人。1951 年，共同基金行业的资产总额是 20 亿美元，如今超过 12 万亿美元。这 50 多年来，共同基金行业的规模以年均 17% 的速度增长——很少有（如果有）其他行业超过这样的速度。1951 年，股票基金持有大约 1% 的美国股票；到了 2008 年，这一比例已经高达 35%，毫无疑问，共同基金已经成为美国最有影响力的金融机构。

一个不那么明显的变化是，基金行业的投资重心已经发生了显著变化。曾经，约有 80% 的股票基金（75 只中有 60 只）

秉承多元化投资理念，将资金分散投资于投资级股票。扣掉当时还算合理的费用，这些基金的收益与大盘整体基本持平。如今，这种大型混合基金（共约500只）的数量远远少于3 100只其他风格多元化的美国股票基金，另有400只分散投资于不同产业的基金、800只海外投资基金——有些投资广泛，有些则集中投资于特定国家。部分新型基金（如投资于全球股市的基金）给投资者带来了回报，有的却让投资者蒙受了巨大损失。无论从哪个角度看，现在投资者要选择基金变得跟选择股票一样困难。

投资者改变了行为方式，管理人也如此

为了应对变化，基金投资者的投资行为也改变了。基金投资者不再挑选好基金，然后长期持有，而是短线炒作。

1951年，基金投资者持有基金的平均时长是16年，而现在只有4年左右。更糟的是，现在基金投资者的策略并不成功，因为他们经常追逐业绩好的基金，一旦基金的业绩变差，他们就会毫不犹豫立刻弃船逃生，最后他们赚到的资产加权收益（即基金投资者实际赚到手的钱），远远落后于基金自身报告的时间加权收益，其差额已达到前面我们说的惊人的差距，在过去25年里，基金的年均回报率是10%，但基金投资者的年均回报率却只有7.3%，前者比后者高出37%。

今天，基金经理的投资流程跟我刚进这一行时也有很大的区别。1951 年，基金由投资委员会管理是铁律；而今天，由投资委员会来管理的基金是例外。这是投资组合经理主导的时代，大多数基金（约 60%）由一个基金经理或 3 个基金经理组成的小组管理。[1]投资委员会管理的基金确实无法保证帮投资者赚到最高的回报，但这个制度依然有利于投资者，因为这些基金创造的回报非常接近市场平均回报。由基金经理独立管理基金的行为本身未必不好，但这样革命性的变化导致了新问题：基金的管理会因为基金经理的离职而丧失连续性。现在流行由明星基金经理操盘，由于受到基金投资者的追捧，基金经理经常跳槽。基金经理管理一只基金的平均时间只有 5 年，他们的风格通常比较激进，其回报率一般会大幅背离大盘，有时，会有一段时间业绩表现突出，然后突然掉头向下。这些明星基金经理大多数都是转瞬即逝的流星。

由于基金的管理从集体决策走向单打独斗，基金的投资策略也随之发生了很大的变化。1951 年，传统共同基金重视的是明智的长期投资，在其投资组合中，平均持有股票的时间约为 6 年。如今，那些主动管理型股票基金，平均持有期

1　在对这一体系进行改进的过程中，有些大型基金管理公司会聘请几个“投资组合顾问”团队，每个团队负责处理很小一部分基金资产。这些团队是否可以无限增加以产生更高的回报还有待观察。

只有一年。（放宽一点儿来看，按美元加权计算，平均持有期仅为 1.5 年。）不管怎么看，今天典型的共同基金都专注于愚蠢的短线投机。

一连串的变化使得基金收取的费用也水涨船高。在未加权的情况下，主动管理型股票基金的管理费率平均增加了几乎 1 倍，1951 年只有 0.77%，而 2007 年涨到了 1.5%。如果将基金资产加权计算，管理费率会从 0.6% 上涨到 0.93%，增幅虽然少了很多，但还是暴增了 50%。换种说法，如果我们将这个管理费率分别应用于 1951 年的 20 亿美元和 2007 年的 7 万亿美元股票基金资产总额，一个曾经以每年 1 200 万美元更有效率地提供服务的行业，现在以每年 650 亿美元的低效率在提供服务。

对基金经理有好处，对投资者没好处

不管怎么计算，基金管理费的涨幅都是惊人的，这是拖累基金投资者收益的主要原因。虽然自 1951 年起，基金行业管理的资产规模一直在增加，产生了可观的规模经济效应，可是，基金经理并没有把最大的份额分给造就规模经济的功臣——基金投资者，反而自己独吞了。如前所述，基金经理由主导该行业的全球大型金融集团控制（这些集团目前拥有 50 家最大的基金公司中的 32 家，另外 9 家是上市公司）。他们的首要任务是替集团投入的资金赚钱，而不是替基金投资者所付的资金赚钱。基金行业的这种转变也让我们终于可以看清楚，对基金行业有好处的，通常对基金投资者并没有好处。

以上诸多变化让基金行业的使命不再崇高。50 多年来，基金业务已经从管理转向销售，从管理资产变成扩大资产规模。我们成了营销专家，投身于一个又一个新产品的狂欢。如今，我们的座右铭显然变成了："只要你想买，我们就量身定做一个。"

在 20 世纪 50 年代和 60 年代，大约有 240 只股票基金问世；在 70 年代和 80 年代，则有 650 只；但仅仅在 90 年代，就有 1 600 只股票基金诞生。新基金的投资标的大多是科技、网络和通信，或是专注于这些领域的积极成长型基金。这些基金尝到了 2000 年到 2002 年大熊市的苦果。新基金层出不穷，结果也不难想象：它们注定要消亡。20 世纪 50 年代，基金的死亡率是 13%，但最近 10 年，基金的死亡率接近 60%。

迈向更美好的世界

资产增长、投资焦点缩短、投资者行为适得其反、实时投资组合管理流程、炒短线的投资策略、费用暴增、金融集团所有权和产品扩散（不可避免地会带来反扩散），这些都给基金投资者带来严重的伤害。

简言之，我们这些受托管理资金（退休基金、共同基金等）的人，辜负了投资者的信任。我们对过高的中介费用视而不见，而基金经理往往无法为投资者提供足够的回报；我们对自己辜负了客户所托的事实却无动于衷。

我们利用每一个市场潮流，拼命推出新基金去迎合投资大众的口味。我们拼命为业绩最好的那几只基金打广告，让问题变得更加严重。当销售取代了管理，受害的正是我们的投资者。我们的同业联盟——投资公司协会（ICI）虽然声称要保障投资者的权益，却从来不理会基金所发布的业绩和基金投资者实际赚到的回报之间巨大的差距。对于基金管理公司不管投资者有没有赚到钱，自己都可以赚走大笔管理费的现象，投资公司协会也熟视无睹。

这种例子不胜枚举。这两个例子只是用来证明，基金行业宣称的口号都是空中楼阁。投资公司协会每年都会召开会员大会，在开会时一再声称“共同基金经理的利益与共同基金投资者的利益相一致”。但事实并非如此！

显而易见的是，在不断变化的资本主义世界，尤其是快速变化的共同基金行业里，我们必须勇于面对这些问题。这些问题很严重，但我看不到有谁在讨论。只顾着创新的我们需要反省，唯有反省才能看清现状和未来的方向，让我们看清楚该怎么做，才能赢回投资者的信任。

在投资圈里，我从未看见有人站出来为共同基金的低回报率做出解释，更不用说解释一下奇怪的所有权结构了；基金经理也从来不跟投资者解释，为什么投资者明明是出钱的股东，却几乎没行使过任何权利；更没有人跳出来批评基金的投资策略怎么可以从明智的长期投资转变成愚蠢的短线投机；并且，在2007年以前，几乎没人讨论基金行业在美国公共和私人退休计划体系中面临的巨额亏损现状，而我们的基金在其中扮演了重要角色。

这些问题当然不是无法解决的，但我们必须承认，解决起来相当有难度。接下来，我想谈谈这个行业未来应该走向何方，事实上，为了行业的自身利益，我们必须走这条路，书写改革的新篇章。

让我们一起做梦

“我有一个梦想”，准确地说是5个。我希望共同基金行业能在未来几年改头换面，重塑光辉时代，抛弃对销售的痴迷，能像以前那样更看重对投资者的服务。

第一个梦想：公平对待投资者

我的第一个梦想是重新设计这个产业，设定对投资者而言更合理的费率。我在前面提到过，虽然股票基金的管理费率近年来已经趋稳，但在管理的资产规模大幅增长的情况下，管理费率依然比50年前高出了至少50%。规模经济的效应已经显现，却没有为投资者带来多少好处，只是让基金经理赚得更多，我希望我们能够逆转这个趋势。

第二个梦想：服务投资者的终身利益

我的第二个梦想是重塑产业，使之可以为投资者的终身利益服务，而不是只有短短的一段时间。从技术层面来说，我们早就准备好了。比如，我们已经具有在多方面的固定缴款计划中为近 5 000 万参与者处理复杂记录的能力，这是一项了不起的成就。我们如今可以用网络与投资者沟通和交易，这也是巨大的进步。然而，我们推出了各式各样的基金，创造了数不清的投资策略，迷惑着投资者，使得他们不断地把钱搬来搬去，这些策略对基金公司的好处比投资者要多得多。

很多投资者过于激进，那些在《财富》100 强企业工作并参加 401（k）退休金计划的人，平均配置了 36% 自家公司的股票，这不仅让他们的风险更集中，并且让金融风险与职业风险高度重合。但我们也会看到很多过于保守的投资者，这些人会把钱放在稳定价值基金和货币市场基金上，平均来说，他们会将近 24% 的资金配置在这类基金上。还有，参加 401（k）退休金计划的投资者喜好追求业绩，但我们似乎并没有在意。在美国传统的退休金计划中，最受欢迎的基金是那些历史业绩良好的基金，尽管这些基金的回报率迟早会跌回市场均值，而且更有可能会远低于市场均值。我们提供了太多选择，令投资者十分迷惑。我们对借款的管理也很宽松，在今天员工流动率这么高的情况下，有 45% 的离职员工会把退休账户里的钱领个精光。我们也是最近才开始开发与年金挂钩的项目，以帮助我们的客户顺利地从累积资产的阶段过渡到领取资产的阶段，避免他们的资产被过早地挥霍一空。

最重要的是，我们必须承认，像共同基金这样的集中投资基金如今在我们的退休金体系中扮演了重要的角色，不仅涵盖个人退休计划，还包括企业福利计划以及联邦、州和地方政府的计划。随着时间的推移，它们的主导地位将变得越来越重要。富有远见的基金行业领导者不应该只顾自己的利益，应该带头把退休金服务体系理顺。因此，我这个“服务投资者的终身利益”的梦想也包括这个愿景：我希望基金行业的领导者表现得像个政治家，开始推动各项提案与计划，为社会大众创建一个健全、完整、守规矩且安全的退休体系。这是基金行业应尽的责任。

第三个梦想：重拾长期投资策略

我的第三个梦想是，我们的基金经理能重拾传统的长期投资策略。诚如我在前面提过的，基金投资组合的年均换手率如今将近 100%，单只股票的平均持有期只有一年！如此高的换手率到底造福了谁？基金投资者并没有得到好处。话说得明白一点儿，这么高的换手率一定会稀释掉投资者的回报率。基金行业以前重视的是长期投资，现在重视的却是短期投机，这个变化已经损害了投资者的利益。

如果能重新回到长期持有股票的时代，还有一个好处：

倒逼我们必须重视股东利益，负起企业公民的责任；必须认真审视公司的财务报表；必须就股票期权、高管薪酬和公司治理等事宜向企业表达明确的意见；我们必须确保自己投资的公司是为了股东的利益，而不是为了职业经理人的利益。今天的基金业只重视投机炒作，变成了“租股票”的生意，股票只是被视为几张拿来买卖的纸，而不是所有权的护身符。因此，这些问题经常被忽视。所以，我的第三个梦想是：重拾长期投资策略，维护投资者的利益。这不仅能给投资者带来实实在在的好处，也能在引领美国企业重新回到民主资本主义的正道上发挥重要作用。

第四个梦想：为长期投资者提供优质服务

我的第四个梦想，是重新把重心放在长期投资者身上。今天的基金行业并不关注这一点。基金经理目光短浅，基金投资者也一样。这应该不足为奇，因为我们早就把这一行业变成一个迎合短期投资者需求的产业了。关于这一点，只要看看我们疯狂推出的基金就知道了，这些基金只为短线投机量身打造，完全没有顾及长期投资者的利益。过去的基金行业主要由大规模持有蓝筹股的投资组合构成，与今天的基金行业形成鲜明的对比。今天我们满脑子都是规模大小与风格，这比较像时尚产业而不是投资行业该关心的事情。

因此，我的第四个梦想就是抛弃短进短出的投资策略，为长期投资者提供优质服务。2001 年，美国有 6 126 只共同基金，短短 7 年后，就有近 2 800 只已经消失。事实摆在眼前，我们怎么能够假装自己在关注客户的长期利益呢？基金行业不应该只提供狭义的产品，而是应该提供更广泛、更分散投资的基金，也就是投资者能长期持有的信托账户。这是我们业务的根基。如果这样的改变会让我们更重视指数基金（这种基金也的确可以满足上述要求），那就顺其自然吧。但就算它导致了其他类似方向的投资策略，指数基金依然是我们必须回归的最纯粹的范式。

第五个梦想：由基金投资者主导基金运作

我的第五个梦想是，由投资者主导基金运作。只有通过这种方式，我们才能真正满足基金行业的"联邦法规"——《1940 年投资公司法案》提出的要求：共同基金必须"以满足投资者最大利益为原则进行组织、经营与管理"。虽然该法案立意崇高，但今天的基金行业根本没有参照执行，事实是，基金的组织、经营与管理都是为了让其基金经理受益。

所以，我们要做些什么呢？教育投资者要投入大量时间，而时间就是金钱。已经被大型金融集团把持的基金行业，是不会愿意见到自己的获利减少的，更不会把已经赚到手的钱吐出来。因此，唯一的法子就是让基金的治理模式回归《1940 年投资公司法案》的初衷：由投资者选出自己可控的独立董事会，完全对投资者负责。

这种架构目前是存在的，只是并未按照理想的状态运作。与《1940年投资公司法案》的规定相反，现在掌控大权的是基金经理。我们必须消除基金董事会主席和基金管理公司董事会主席由同一个人担任所产生的利益冲突。（巴菲特有一句话，大意是"与自己谈判很少会在酒吧里引起争吵"。）基于同样的理由，我们也需要一个完全独立于基金经理的董事会。（75%的董事必须是独立的，这是一个良好的开端。但在先锋领航集团，外部顾问不能当董事，因此不会给先锋领航集团的投资者带来不利影响。）美国证券交易委员会已经明文规定，基金管理机构必须配备一名独立的法律顾问和首席合规官，这一点我举双手赞成。最起码大型基金集团都必须配备一名对董事会负责的人，专门为董事会提供基金费用、业绩、销售等方面的信息，而且必须是公正客观、不偏不倚的。请注意，关键词在于公正客观和不偏不倚。这将打开全新的局面！

为投资者所有，为投资者所治，为投资者所享

我的终极期待，是重塑一个专注于管理的产业，一切从投资者的利益出发，审慎管理他人的财富，为投资者所有，为投资者所治，为投资者所享。我们需要的是兼具愿景与价值观的基金行业，即尽职守责、服务至上的愿景，以及建立在长期投资理念和托管原则上的价值观，这要求我们在服务

客户时要保持诚信。

除了以上五个步骤（好吧，就是我的五个梦想），我们还能做些什么？首先，我们可以相信简洁的力量，协助投资者做出未必准确但必要的判断，以确定他们在股票和债券之间的配置比例，股票带来资本增长机会但伴随着风险，债券带来固定收益和可控风险。其次，我们可以尽量分散投资并降低费用，包括管理费、运营成本、营销费用、换手率影响等，承诺给投资者在金融市场中公平合理的回报，不多也不少。同样，如果指数基金是实现上述目标的最好办法，那就大胆购买吧。

除了销售各类金融产品的基金公司，我们还需要建立坚持某种理想的基金公司。为了实现这一目标，我坚持了50多年，我可以告诉你的是，这是项很艰巨、麻烦且永无止境的任务。我的目标是建立一家重视管理、履行好受托责任的公司。不过，我必须承认，确立这个目标并非没有私心。因为，只有把信任我们、委托我们理财的客户服务好，先锋领航集团才能站稳脚跟并繁荣发展。

所有基金公司都必须定义自己的特色，但我希望它们可以更重视管理，因为这是性价比最高的方法。在共同基金行业，我们一直用管理资产规模、现金流、市场占有率和新开设账户数量等指标来界定成功。然而，真正的成功却无法用这些来衡量。相反，成功应该以管理质量来衡量，以“不管金融市场带给我们多丰厚的报酬，我们都会分给投资者公平合理的回报”来衡量，同时以公司的品格和价值观来衡量，不要只听我们怎么说，而要看我们怎么做！

最重要的是，我们的成功取决于投资者的信任——把辛苦赚来的资金交给我们打理的那份信任，以及用真实的业绩赢得更多信任。先不提整个金融行业，基金行业本身已经过于重视营销了。管理才是开启未来的钥匙，而这一点我们做得还远远不够。

第七章

管理太多，领导力太少

有研究认为，大多数大企业都面临着管理过度而领导力不足的问题，我十分赞同。不只是企业，金融机构也是如此。每一个团体、组织乃至国家都需要同时具备好的管理者和好的领导者。两种角色都很重要，但两者的内涵却不一样。而同样重要的是，要认清这两种角色之间的差别。管理大师沃伦·本尼斯认为：

> 管理与领导力差异巨大，但两者都很重要。管理意味着执行、完成、掌管、负责与处理。领导力则是施加影响，引导方向、路线、行动与意见。这种区别至关重要。

本尼斯列举了管理者与领导者的几个不同点：

- 管理者重行政；领导者重创新。

- 管理者是复制；领导者是原创。
- 管理者以体制和架构为本；领导者以人为本。
- 管理者依赖于控制；领导者激发信任。
- 管理者注重眼前的事物；领导者具有长远的眼光。
- 管理者关心盈亏；领导者重视愿景。
- 管理者模仿；领导者创造。
- 管理者接受现状；领导者挑战现状。

本尼斯教授最后以一句话总结："管理者是要正确地做事情；领导者是要做正确的事情。"

本尼斯博士提到的几点大部分正确，不过，我认为这样简单的二分法有点儿问题。比如，哪有领导者不重视盈亏？哪有管理者无法激发信任、永远只看眼前？因此，我的观点是，这是两种重要的能力，而不是两类不同的人。

为了使企业发挥最大的潜能，良好的管理、较高的专业标准和信任必须遍布整个企业，从收发室到会议室。这些特质必须融入企业，而不是停留在嘴边。当然，这些特质必须从领导力开始，即领导者要做更多有价值的事，必须将企业价值观置于最重要的位置。

当然，为了运作得更有效率，企业在各个层级都需要有经验、积极投入的管理者。他们必须认同和遵守企业的价值观。领导者和管理者都必须注意，一定不能把一起共事的员工（无论职位高低）视为可以任意摆布的棋子，他们是活生生的人，拥有和我们一样的需求，也需要被关注。如果没有强有力的、坚毅的领导者塑造企业的品格，决定未来的方向和策略，即使有最好的管理者，企业的发展也会事倍功半。

好的领导力与好的管理有什么特征？对此，我有一些自己的见解。我在业界摸索了60年，其中有40年担任领导者的角色，我担任威灵顿管理公司CEO长达9年，担任先锋领航集团CEO长达22年。我主管先锋领航集团旗下的博格金融市场研究中心也有9年时间，尽管这个中心包括我在内只有4名成员。因此，我是从自己广泛的、第一手的、经常是来之不易的经验出发讲这些的。

从我还在管理公司的时候直到现在，特别让我引以为傲的是同事们非凡的成就。他们非常投入，努力奉献，为先锋领航集团打下了辉煌的江山，印证了霍华德·约翰逊（当时任麻省理工学院校长）1972年演讲时说的一段话，这段话将我之前就相信的东西用文字表达出来：

> 一个机构必须被悉心关注和培养。即便它犯了错，我们也一定要继续保持关心。所有为它工作的人，所有拥有它的人，所有享受它的服务的人，以及所有管理它的人，都必须承担起这个重任。每一个有责任感的人都必须关心，真诚投入地关心影响着自己生活的机构。

构建一个伟大的组织

因此，从本质上讲，我的核心信息始于关怀。以下是建立优秀组织必备的十条法则，我想传达的内容就藏在这十条同时适用于领导者和管理者的法则里。

第一条法则：关怀是组织的灵魂

我第一次跟先锋领航集团的员工谈及“关怀”是在 1989 年。“关怀是一件相互的事情，包括（1）最上级和最下级之间的互相尊重：每个人都应该也（将会）因这份有价值的工作而被礼貌、坦率、友好、尊敬地对待。（2）提供晋升发展、参与创新的机会：先锋领航集团是一家企业，需要很多人来做日常例行工作，但任何工作都很重要。如果我们想让先锋领航集团运作得更有效，那么不管你们做什么工作，一定要投入全部热情。毕竟，你们站在第一线，比其他人更清楚问题出在哪里，也更清楚应该如何解决问题。”此外还有：维护有吸引力、高效的工作环境；提供有意义的交流计划；支付合理的薪酬。当时，我只把它们作为常识讲述出来。而在 20 多年后的今天，我确信自己很难抛弃其中的任何一条。在这个越来越冷漠的世界里，我和霍华德·约翰逊一样，相信组织的成功取决于对所有与组织息息相关的成员的深切关怀。

第二条法则：把“员工”两个字丢掉

1974 年先锋领航集团刚创立时，我想通过回避“员工”这个让人无法联想到团队精神和合作的词，来建立我们这家新公司的企业精神，我用“船员”替代了它。“船员”是航海用语，我取这个词的目的是向我们的守护神纳尔逊上将致意。我们公司的名字“先锋”就是以他指挥的战舰命名的。“员工”在我看来，是描述那些朝九晚五按部就班工作、永远闷不作声、领取固定薪水，而且周末必须放假休息的人。“船员”虽然听起来有点儿奇怪，却可以让我联想到积极、奋发、忠诚、关怀；船员是团队中的一员，他们愿意为了一段不虚此行的航程团结合作，尽己所能避免成为团队的短板。我想领导的，正是这样一群感情深厚、互相依赖的船员。

第三条法则：设定高标准，明确价值观，并严格坚守它们

在 1980 年先锋领航集团资产规模首次达到 30 亿美元的庆功会上，我呼吁我们的船员要拥有“工作的技能；创造所需的想象力；对产品的诚信；对目标的判断力；在危难时刻的勇气，在逆境中的幽默感，在有所成就时的谦卑”。如果让我今天重新开始，我依然会毫不犹豫地坚持同样的标准。

至于价值观，从先锋领航集团成立的第一天起，我就决心做到“以人为本”。这么多年来，我反复强调，要将客户和

团队成员视作“对上帝诚实、脚踏实地的普通人，他们都有自己的希望、恐惧和财务目标”。在实践中，这意味着，我们务必竭尽所能为客户服务，要审慎管理客户交给我们的资产，我们希望别人怎样管理我们的资产，我们就要怎样管理别人的资产，要怀有同理心，以公平公正的态度诚信地对待客户。[1]

在主管先锋领航集团期间，我不曾把这些标准和价值观写在工作手册上。相反，我只在工作手册上写了一条看起来很简单，却能囊括一切的规定：“做正确的事。如果你不确定某件事是否正确，就问问你的领导。”为什么这样要求？因为我已经说了一千遍：“好的道德等于好的生意。”这是一个新想法吗？当然不是！古希腊诗人荷马在长篇史诗《奥德赛》中就告诉过我们：

> 且听忠告并将之传播：
> 公平交易终将带来更多利润。

我看过太多探讨企业管理与公司策略的书和文章，但我从未看过哪篇文章或哪本书把商业领导力的重心放在“人”上。但每次想到客户和我们的船员，我就会强烈地感觉到“人”

1　我经常注意到，虽然 100% 的企业领导者都认为诚信是领导力的主要特征，但实际上，真正实践诚信的领导者可不到 100%。

才是先锋领航集团成功的关键。

第四条法则：反复重申价值观

如果说建立强大的团队需要优秀的领导者，并且优秀的领导者一定要具有德行，那么我们可以把“领导者”定义为：发起并带领大家按照既定原则执行计划，最终达成目标的人。从 CEO 到其他高管、从项目负责人到最基层的具体任务负责人，不管是哪个层级的领导者，都需要激励和说服他人一起努力，朝着一个有价值的目标携手前进。

想要建立伟大的组织，必须找到最恰当的能够描述目标、热情和愿景的语言，以传达最好的理念和最崇高的理想。我们拥有一份无价的礼物：英语。让我们用它鼓舞人心，建立一个能够永续经营的组织，一个令参与其中的领导者、管理者、执行者都感到非常自豪的组织。

第五条法则：行动起来，行胜于言

不管是管理者还是领导者，最糟糕的行为莫过于光说不练。因此，不管你宣扬的是什么理念，一定要将其融入实践。道理很简单：如果你希望别人信任你，你就要做一个值得信任的人。如果你希望大家努力工作，你就要努力工作。如果你希望同事跟你说实话，你就要跟他们说实话。这应该是很简单的道理吧！

还有一件事情也很重要，那就是“行动”本身。你需要经常在公司里走动，到各部门、各单位或各小组走走。善于深入基层是领导者必须具备的关键素质之一，你如果一直坐在办公桌后面，就不可能做到这一点。你如果是一位高管——一般的说法是穿西装的，就不要整天待在会议室里跟一大群同样穿西装的人开会。多出去走走，看看那些真正在基层工作的人，如收发室的管理员、保安、程序员、会计、基金经理，还有你的日常工作所依赖的每个人。

第六条法则：不要过度管理

我在前面已经说过，不管是在人生还是在工作中，最重要的事情往往都是无法被衡量的。有句老话是这么说的：“你如果能计算它，就能管理它。”这句话是阻碍我们建立伟大的组织、评估现实经济世界的障碍。推动这个世界运转的是品格而不是数字。对于赋予我们人生与事业意义的美德，我们要怎样去衡量呢？我们要怎样去衡量仁慈、亲切和诚信呢？我们应该给激情、热爱和信任定多少价值呢？开朗愉悦的声音和一点点自豪感能为我们的人生增添多少价值呢？还有，你打算给友谊、合作、奉献、鼓舞定多少价值呢？如果你知道怎么算，请告诉我。总之，那些不把同人的贡献当一回事的公司，永远不可能建立强大的团队或伟大的组织。

关于这一点，凯恩斯的认知与我一致："说企业是建立在对未来收益精确计算的基础上，是一种最纯粹的伪装……我们需要动物精神，一种自发的行为冲动。如果动物精神不再，乐观的天性受挫，我们就只能依靠数学上的期望，那么企业注定会衰落，甚至消失。"的确如此。所以，我们必须将动物精神注入组织，注入我们的体内。

第七条法则：认可每个人的成就

先锋领航集团成立之初，我们就率先制订了"员工表彰计划"。我记得这项计划始于1980年前后，直到今天都还在进行，基本上没有什么改变。每个季度，我都会在船员面前亲自给其中的一位颁发先锋领航集团卓越奖。这个奖先由船员相互投票，再由高层主管开会研究，最后评选出获奖人。这个奖会颁给最有团队精神、最善于与同事合作、最努力服务客户和同事、最有上进心以及最有才干的人。我们每一季度的卓越奖有6到10个名额，获奖人会得到1 000美元的支票，其中500美元会捐给他最喜欢的慈善机构。我们还会送给获奖人一块小奖章，奖章上刻着："一个人也能改变世界。"时至今日，我们依然在颁发先锋领航集团卓越奖。

颁这个奖的意义并不在于让获奖人发笔小财，而是为了在表彰获奖人的同时强化一个信念：我们十分重视每个人对组织的贡献。虽然我已经卸下先锋领航集团董事长的职务，但我还是会找每位获奖人来我的办公室坐一坐，和他们聊上一个小时，彼此认识一下。我们会一起交流，互相指导，互相学习，我还会送每位获奖人一本我写的且亲笔签名的书，我还会在书中夹上一张纪念他们这次获奖的藏书票。这些获奖人的力量也许很渺小，但他们能感动公司上下，我相信，他们一定能够帮我的忙，帮助我保护我想留给这家公司的精神财富。

第八条法则：忠诚是相互的——这是一条忠告

很少有领导者不需要下属效忠，但很多人只会要求下属向自己效忠，自己却从不对下属忠诚。最优秀的领导者一定会确保自己给予下属等量的忠诚。我曾经在 1988 年跟船员们说，“仅要求普通员工忠于公司，公司却不做出对等承诺的做法是不正确的，真是无法想象，绝大多数公司居然要花那么长时间才明白这个道理”。“双向忠诚”的概念必须成为先锋领航集团的传统。

光说不练假把式。因此，当先锋领航集团在 20 世纪 80 年代初财务基础稳固后，我们就展开行动，以证明公司对船员的忠诚。通过先锋领航集团合伙人计划，每名船员进入公司后都可以分享我们帮投资者赚到的回报。每名船员都可以分享公司的盈利，而且不用投入一分钱。据我所知，只有我们一家公司采用这样的做法。

公司的盈利源于以下几方面:（1）低成本优势（即我们基金的管理费率低于主要竞争对手）;（2）我们的基金表现超过或低于竞争对手的程度;（3）资产规模优势。因此，随着我们的成本越来越低、基金业绩越来越好、资产规模越来越大，公司盈利也随之大幅增加！每名船员都持有一定数量的公司份额，份额数量会随着工作年限和职务级别的提升而增加。每年6月，先锋领航集团的船员都会收到一张支票，这张支票的金额通常是年薪的30%。（这个计划的本质就是共享公司所有权。）

第九条法则：用长期视角进行领导和管理

领导企业是一项严肃、艰难、坎坷、压力重重的任务。激烈的竞争使得管理者和团队成员疲于奔命，在波动起伏、盛衰无常的产业发展过程中，领导者为了企业的生产和持续发展往往必须做出令人痛苦的决策和取舍。但同时，领导企业也是一件令人振奋、充满挑战、（可能）回报也颇丰的事业。我认为，领导者的关键在于，尽一切可能专注于长期机会，尽量不要被短期的困难吓倒。我经常提醒我的船员：“一旦你决定了自己是要做长期生意还是短期买卖，大多数正确的决策就很容易做出了。”

不妨这样想：人们对企业的浅显印象大多来自脑海中的想象、媒体上肤浅的标题，以及企业偶尔遭遇的短期挑战，而这一切都会让我们忽略真正重要的部分。为满足消费者需求，以合理的价格提供好产品与好服务的能力才是企业永久的真实面貌。没错，当经济环境不景气时，客户对企业的印象也许会短暂改变。但是，随着时间的推移，人们对企业（甚至是股票价格）的印象总会如实反映企业真正的价值。

因此，我们一定要把团队当作长期资产来管理，领导者和管理者也一定要具备长远的眼光。我提几点建议：避免在经济短暂下滑时裁员；在薪酬方面不要过于吝啬；不要因为短期的预算紧张就削减员工福利；永远不要武断地设定不合格人员的比例，永远不要！（在行业中，这被称为末尾淘汰制。）如果以长期视角指导实践，你就能创造良好的环境，也能建立伟大的组织。企业品格是企业长期发展的根基。

第十条法则：勇往直前

假如只能用一句话形容优秀的领导者或管理者，我认为应该是“勇往直前”。打我记事起，这句话就是我们一家人的座右铭，我依靠这句话撑过了很多艰难的时刻。[1] 这个座右铭出

1　我在普林斯顿大学念大二时，因为成绩不佳，奖学金可能会被取消，可是，如果没有奖学金，我就念不下去了。我修的第一门课是经济学，所以我只好拼命啃保罗·萨缪尔森的《经济学：导论分析》（一开始我根本看不懂）。经济学后来成为我的专业，我以优异的成绩毕业。

自我舅舅的一艘名为勇往直前号的捕虾船，我舅舅叫克利夫顿·阿姆斯特朗·希普金斯，他是一名投资银行家。他捕虾船的船舷上，刻着美国第30任总统卡尔文·柯立芝说的一段话：

> 世界上没有任何事情比坚持更重要。才能没有那么重要，怀才不遇的人随处可见。天才也一样，一事无成的天才比比皆是。教育也没那么重要，受过教育的废物充斥着这个社会。只有坚持和决心才是无所不能的。"勇往直前"这句口号已经帮助人类解决了很多问题，未来也将如此。

不过必须提醒大家的是，很多领导者从直觉上明白，在狂风暴雨的环境里，当事情进展很不顺利时，一定要勇往直前。然而，却没有几个领导者意识到，在阳光灿烂的日子里，在事情进展得很顺利时，我们同样需要勇往直前。我想提醒领导者和管理者，好日子和坏日子都会过去。最好的做法是，不管情况好坏，都要勇往直前。

与任何伟大的观念一样，"勇往直前"一点儿都不新鲜。圣保罗说服信徒按照他的指示去做，力劝他们脚踏实地。佛陀早在2 500年前就表达过类似的观念，"精进，勤修"。

最优秀的公司

如果公司的领导者和管理者都能学习并实践这些法则，而且能坚信不疑、始终如一地坚持下去，那么，任何公司都能成为罗伯特·格林利夫口中的“最优秀的公司”。格林利夫提出了“仆人式领导”的概念，他是这样描述“最优秀的公司”的：

> 用来区分最优秀的公司及其竞争对手的标准，并非拥有更卓越的科技、更敏锐的市场分析、更稳健的财务基础等，而是可以用非常规的方式思考公司的梦想——这家公司想要成为什么样的公司，它的优先事项是如何设定的，以及它如何组织资源、提供服务。它有一套激进的哲学体系和一个清晰的自我形象，公司对梦想的非常规思考（通常）来自一种自由的愿景。但为什么自由的愿景如此稀缺？因为它很难实现。然而，这还是只对了一半。另一半是，那些能够总结愿景、清晰表达愿景、进而说服别人的人，很少有冲动或勇气去尝试。不过，必须有仆人式领导者的一席之地，而他们也要能够对未来做出非常清楚的预判，能够创造出自由的愿景。有了这些愿景，我们才能建立一个充满关怀和服务的社会。

先锋领航集团是否能被称为“最优秀的公司”，就留给更明智和客观的人去判断吧。我当然希望先锋领航集团符合标准。但不管怎么说，它都是非常规思考方式的产物，我们对自己想要成为什么样的公司、有哪些首要任务、该如何为客户提供更好的服务等问题有着自己深刻的理解。

价值观和盈利

时至今日，我已经确信，所有企业，不管是基金公司、金融业、制造业还是服务业的企业，都可以以先锋领航集团为学习榜样。我可以很自豪地说，绝对不是我一个人这么认为。在《价值利润链》一书中，三位哈佛大学商学院的教授写道，有两家公司取得了“非凡的成就……这些成就源于它们从成立之日起就将‘利润价值链’的概念应用到经营中……并在各自的行业占据了领导地位”，先锋领航集团就是这两家公司之一（另外一家是沃尔玛）。

三位作者说的“价值利润链”，包括了一系列“彼此关联的现象：客户的忠诚度高，因为公司能够为客户提供高于竞争对手的价值；员工创造的价值高，因为员工勤劳、忠诚、有效率；员工满意度高，因为公司采取公正的管理，能够为员工提供职业发展机会，提升员工为客户服务的能力……如果组织正确掌握了‘价值利润链’的要素，其成就将十分巨大”。作者认为先锋领航集团取得了“非凡的成就”，是因为它拥有优越的经营环境、低成本和较高的股东满意度。

创造性破坏风暴

我确信，包括我们最成功的竞争对手在内，所有同行都会对我们为什么能成为行业领导者、对我们独特的公司治理结构、对我们坚持把费率降到最低的努力（行业内没有人在这个方向上努力）、对我们拥有传教士般的热情、对我们的特立独行以及充沛的精力感到困惑与怀疑。我们的确勇于特立独行。信任、服务和专业精神已经融入我们的身体甚至名字，而且我们经营得似乎还不错。最重要的是，我用毕生心血建立了一家能够持续经营的企业，这家企业起码可以存续 100 年。（先锋领航集团的日子还长，威灵顿基金管理公司才刚刚庆祝八十周年纪念日。我相信威灵顿的创始人、我的导师沃尔特·摩根先生会在天国含笑接受我的祝贺。这样的里程碑绝对是成就非凡的！）

存续时间超过 100 年的企业屈指可数。看看过去《财富》500 强企业榜单的变化：自 1955 年《财富》500 强企业榜单首次发布以来，这份榜单共出现过 2 000 家企业，其中大多数已经消失了。最初的 500 家企业，只有 71 家现在还在榜单上。显然，这种转变就是最先发现企业家精神是拉动经济成长的重要力量的经济学家熊彼特所说的“创造性破坏风暴”。置身于“创造性破坏风暴”中的老牌公司，如果没有做好充分应对变革的准备，就会被受新思想和新科技启发，有远见的企业家所领导的新公司取代。

然而，没有任何内在的原因可以证明，一家有决心和胆量去建立我在这里试图描述的那种积极企业文化的公司无法对抗始终存在的创造性破坏的危险。《从优秀到卓越》的作者吉姆·柯林斯认为，“如果你建立了一个有价值和目标的机构，而不仅仅为了赚钱，如果你建立了一种可以做出独特贡献，同时带来卓越结果的企业文化，那么你为什么还要向平庸的力量和无关紧要的东西屈服？你为什么要放弃相信你可以创造出一些不仅能够持续而且值得持续下去的东西的信念？……没有哪条自然法则规定，一个伟大的机构必然会失败，至少也不是在我们的有生之年”。

我不仅希望先锋领航集团能够持续下去，而且希望它值得持续下去。此外，我希望其他值得持续的企业能挺身对抗“创造性破坏风暴”，一直经营下去。当然，要做到这一点，那些活下来并繁荣发展的组织一定要具备核心价值观，并秉承不以赚钱为目的的信念，一定要吸纳优秀的、会把愿景与品格注入公司的领导者和管理者，一定要拥抱全情投入应对挑战的优秀员工。

要避免过度管理，合格的管理者一定要用正确的方式做事，我们有很多合格的管理者（即使在这个工商管理硕士盛行的时代，合理的管理者也永远不够），因为只有出色的管理者才能有效务实地执行政策，构建卓越的公司。但同时，只有真正的领导者才有能力建立以人为本的原则，制定行动路线，提出激励他人愿意追随的愿景。

人生

ENOUGH

True Measures of Money, Business, and Life

第八章

物欲太多，奉献太少

就我记忆所及，我一直受着人类文明中伟大真理的启发。有时，它们来自人们熟知的领域：古希腊哲学家、《圣经》（尤其是钦定版）、莎士比亚。但很多时候，这些真理也会从意想不到的地方冒出来。这样的经历有一次发生在10年前，我当时正在费城郊区的电影院观赏一部热门电影。

那部电影叫《法网边缘》，改编自知名小说家乔纳森·哈尔的小说。电影讲述的是马萨诸塞州的一个小镇发生了致命的水源污染，受害居民决定诉诸法律的故事。男主角是一名擅长处理人身伤害类诉讼案件且富有野心的律师，由约翰·特拉沃尔塔饰演。男主角起初希望帮助受害家庭争取数百万美元的赔偿金，一方面可以博取好名声，顺便也能赚一大笔钱。没想到，随着诉讼过程的深入，他越来越同情受害家庭。他投入自己的大量资源对水源污染造成的影响进行科学调查，这导致他和自己的小律所负债累累。随着电影情节的展开，为了追求公平与正义，坚持原则的他面临破产的风险。最后，他真的破产了。电影的最后一幕是他站在破产法庭上。

破产法庭的法官简直不敢相信，眼前这位曾经很富有的成功的诉讼律师，居然只剩下账户里的14美元和一台便携式收音机。她怀疑地问：“那些用来衡量人生是否成功的事物都哪儿去了？”我听了差点儿从椅子上跳起来，问得太好了：那些用来衡量人生是否成功的事物都哪儿去了？他已经一无所有。但他为了一件害死很多孩子、让很多家庭为之心碎的案子挺身而出，不惜赌上自己的事业，直到最后失去了曾经拥有的一切。我们到底应该用他拥有的东西去衡量他，还是用他是什么样的人去衡量他？

这部有关人生价值的电影似乎完全不是好莱坞的风格，但它探讨了一个长久以来存在的问题：我们到底应该用什么去衡量人生？虽然我还在寻找这个问题的终极答案，但我很确定的是，绝对不能用积累了多少物质财富衡量人生。在一个像美国那样如此富有、物质如此丰富的国家，有很多事物的价值是无法被衡量的，而我们很容易掉入这个陷阱。2 500年前，古希腊哲学家普罗塔哥拉就告诉我们，“人是万物的尺度”。今天，恐怕这个社会已经变成“物是人类的尺度”了。

的确，美国有一个也许是开玩笑的谚语，夺得最多玩具的人，即使死了也是赢家。这样的衡量标准当然是荒谬、肤浅的，最后也会让人自食恶果。这个世界的资源很有限，很多人却只想把有限的资源用在微不足道、转瞬即逝的东西上。

全世界有数十亿人，他们呼喊着寻求支援和援助，寻求安全和同情，寻求教育和机会，这些无形事物的价值远胜许多有形事物，说到底，很多有形事物根本就不重要。我最喜欢的一首赞美诗是《恩典之神，荣耀之神》，这首赞美诗比我说得好："治我强横好斗顽固，屈我傲骨受主束；使我感到自私羞恶，物质虽丰灵贫苦。"

让人大跌眼镜的是，好莱坞竟然拍了部探讨"我们应该用什么衡量人生？"的电影。更令人惊讶的是，这部电影居然会被一个生意人，还是个被贪婪主宰的投资界的生意人引用。但我很清楚，人生的道路崎岖不平，花无百日红，我们随时可能损失财富，或者失去健康，或者发生家庭变故，所以我们一定要做好准备。

已经79岁的我活得够久了，久到我终于明白了《圣经·传道书》的警告所蕴含的智慧："快跑的未必能赢，力战的未必得胜[1]，智慧的未必得粮食，明哲的未必得赀财，灵巧的未必得喜悦。所临到众人的，是在乎当时的机会。"换句话说，时间和机会能赐予你财富，但也会从你身上夺走财富。尽管你所拥有的东西来去无常，但你是什么样的人，你的品格会永远跟随你。

---

1 英国短篇小说家兼新闻记者达蒙·鲁尼恩参考《传道书》中的同一段话，补充了这么一句："快跑的未必能赢，力战的未必得胜，但这就是打赌的方式。"

胆识、行动和天意

如果事物的本质就是转瞬即逝，毕竟，“生不带来，死不带去”，那么什么东西才是真正重要的？我们应该用什么特质去衡量人生？ 19世纪德国哲学家歌德提到其中一个特质：胆识。

> 你是认真的吗？一定要把握当下；
> 不管你能做什么，或者你期望你能做什么，开始吧；
> 胆识本身就意味着天赋、力量和魔法。

歌德这番话十分激励人心，苏格兰作家默里深受启发，他详细阐释了歌德的话：

> 一个人在开始行动之前，总会犹豫不决，他可能会打退堂鼓，担心竹篮打水一场空。所有积极的、有创造性的行动的背后都有一个最基本的真理在起作用，如果无视这个真理，无数的好想法、好计划都会被扼杀。这个真理就是：当一个人下定决心的时候，天意也会随之而动。
> 一个人的决定可以引发一连串的事情，他会碰到各式各样出乎意料的巧合、遇见，或者物质上的帮助，没人能想象得到，这些事情会发生在他身上。不管你能做什么，或者你期望你能做什么，开始吧；胆识本身就意味着天

赋、力量和魔法。现在就开始吧。

所以说，胆识加上行动，就能召唤天意。

默里说得一点儿都没错，我就是鲜活的例子。每当我勇敢地做某件事情时，天意就会降临。比如，很久以前，就在我寻找毕业论文题目时，天意使然，我看到了《财富》杂志上那篇谈共同基金行业的文章。再比如，当威灵顿管理公司的合伙人叫我卷铺盖走人，逼得我不得不绝地大反攻时，天意再次出现（没错，这的确是天意），我因此创办了先锋领航集团。此外，就在我的心脏快要停工之际，天意降临，我得到一颗新的心脏。还有，包括我决定充分发挥捡来的新生命，以及我在书中提到的关于“钻石”的许多例子，都是一次次的天意降临，它们印证了世上有无数“钻石”正等着我们去挖掘这一事实，不过，我们必须先有行动和付出，才能获得钻石的价值。

同样，我在执掌先锋领航集团期间采取的大胆行动，也都得到船员们的天赋、力量和魔法的加持，我们打造出许多好点子，例如，找到一种让客户自己找上门的方法，大幅降低费率，鼓励长期投资策略，等等。就算其他人都在走捷径，我们也会坚持沿着正确的道路走下去。

我骨子里对走捷径的行为很反感，我在担任《费城公报》的记者时有过一次惨痛的教训，它让我更加排斥走捷径。我在 1950 年的暑假工作是担任警察站记者。一天，我接到新闻部的电话，安排我去采访一则民宅失火的新闻，我被派往一个消防站，那时我很穷，没钱买车，得转两趟电车才能抵达火灾现场。当时已是深夜，我累得要命，加上自己觉得那条新闻很无聊，于是决定不去采访，等消防队员回来后，再向他们打听详细情形就好。但是，编辑发现我的报道不够详细，也察觉到我可能在投机取巧，于是出其不意地问了我一个很简单的问题："博格，那栋房子是什么颜色的?"我为自己的行为感到惭愧，也很怕丢了饭碗，我说："我马上过去看。"我真的去了，也获得了一个很宝贵的人生教训，我必须给那位编辑敬个礼。从此以后，我对轻松的捷径避而远之。既然要做一件事，那就认真做好。

人生，应该如何去衡量呢?胆识与行动是真正重要的特质，只要具备这样的特质，天意就会跟着降临。它们所带来的影响不仅仅是赚钱过活，毕竟生命里不光只有面包这回事。

为家庭和社会投入精力

人生要幸福圆满，我们也需要在其他方面投入精力。

首先是家庭。我们在投入之前，也许会犹豫，然而，一旦决定了要对家庭无悔地付出，你就会发现很多好事随之降临。对我来说，为家庭奉献让我拥有了至今仍然幸福美满的婚姻，我和伊芙结婚 52 年了，拥有乖巧孝顺的子女，还有天真可爱的孙子、孙女。或许有一天，我还能抱到我的曾孙子、曾孙女。

其次，我们也要为邻居和社区投入精力。在这个越来越独善其身的时代，一起庆祝谷仓建成，一起缝棉被、修篱笆的社区精神显得落伍了。但是今天，团结合作、患难与共的精神反而比过去更重要，尤其对美国而言。美国有很多大城市，贫富差距非常严重，这导致社区精神日渐式微。然而，社区精神却是美国文明的核心。

在培养更高的价值观方面，宗教扮演的角色相当重要。我说的不仅仅是我所信奉的犹太基督教价值观，也泛指所有宣扬世上有至高无上的神、黄金法则、具有与《十诫》相仿的操守准则的宗教。家庭和整个人类的兴旺，靠的并不是碰到哪个宗教就信哪个，而是相信，世上有个力量比我们人类更超脱、更伟大。

为公民社会做奉献

我这一生见过很多事业有成、出类拔萃的人，他们中有很多人骄傲地告诉我，他们拥有的一切都是靠自己的打拼得来的。可是，我不认为哪个人的成功是自己单枪匹马取得的。我们都是在家庭的抚养与关爱下长大的，朋友同事给我们打气支持，老师对我们谆谆教诲，人生导师给我们鼓励与指导。更别说还有天意了，如果老天不赏我们机会，我们就无法实现自己的目标。“我的成功是靠自己的打拼得来的。”

每当我听到有人说这句话，我都会直言不讳地问："哦，你怎么那么厉害，请问你是怎么安排自己生在这个国家的？"

这就要谈到最后一种奉献了：对国家的奉献。如同《美哉，美利坚》这首爱国歌曲唱的，你们别以为当美国人没什么好处，你们也别以为当美国人是天经地义、理所当然的。此外，你们也千万别以为美国已经很完美了，就像这首歌里我最爱的那段歌词："美利坚！美利坚！愿上帝纠正你的每一个缺点。使你的自制坚定无比，把你的自由载入法典。"当我们勇敢地承诺，每天尽我们所能地遵循好公民的基本原则时，我们的国家就会迎来奇迹。

因此，这一切都取决于我们能否召唤出我们独特的天赋、我们自己的力量和神奇的魔法。就像天意每次都降临到我的身上，它也会降临到你的身上。我说的是真的！因此，不管你想做什么事情，都大胆地去做吧。每个人都必须决定自己要关注多少事情，以及关注什么事情。与此同时，我们每个人都应该经常回头看看自己，是不是只顾着积累财富，却没有承担起对家庭、工作、有价值的事业、社会与世界的责任。

第九章

21 世纪的价值观太多，18 世纪的价值观太少

几年前的夏天，我把作家尼尔·波兹曼生前送我的签名著作《建造一座通往十八世纪的桥》拿出来翻阅，波兹曼是位高产的作家，也是社会评论家兼纽约大学教授，他的这本书开宗明义：

> 在不久的将来，我们会知晓一切人们在 18 世纪完全不明白的事情，我们也将会忘记 18 世纪深入人心的事情，18 世纪很难与我们同在了。[1]

波兹曼在书中慷慨激昂地为 18 世纪理性时代标志性的

1　我和波兹曼只有一面之缘，但他对我的价值观了如指掌，他在书中写道："致杰克：我很高兴能在 21 世纪认识他，不过，他并没有忘记辉煌的 18 世纪。让我们为常识干杯！"

“自由人道主义”辩护，目的是重新恢复思想与机械之间的平衡。他最担心的是，我们已经远离那个把西方文明的价值观与品德摆在第一位的时代。社会上最富有的一群人只顾自身利益，我在《为资本主义的灵魂而战》一书中写道，我们的企业与金融行业已经从所有权人资本主义变成经理人资本主义了。

我担心这种“病态现象”已经扩散到整个社会，渗透到很多人的生活中。今天，只要上上网，用指尖敲击几下，维基百科和谷歌就能为我们服务，我们被信息团团包围，却离知识越来越远。准确点儿说，应该是信息无处不在，而 18 世纪的传统智慧却严重缺失。

我在十多年前首次质疑这个信息时代，当时我还天真地认为，自己的想法具有先见之明。最近我才知道，英国大诗人兼剧作家 T.S. 艾略特早在 1934 年就表达过相同的看法，但他的表达更富诗意。他在剧作《磐石》中这样写道：

我们在生活中丢失的生命何在？
我们在知识中丢失的智慧何在？
我们在信息中丢失的知识何在？
两千年天宇的轮转，
使我们离上帝更远，离尘土更近。

换句话说，波兹曼要表达的意思是，很快我们将会知道什么是不重要的，什么是重要的。

理性时代

波兹曼赞扬的理性时代，即我们通常所指的“启蒙运动时代”，主要是指对西方哲学与社会极为重要的18世纪。当时，伟大的知识分子与哲学家辈出，他们的见解虽然未必相同，但他们一起成功地在社会中植入了对理性的依赖、对社会改革的热情。他们相信，道德权威是教育、宗教、商业和金融成功运作不可或缺的一部分。

这些思想家充分肯定了民族国家与人类自由的重要性，其中托马斯·潘恩撰写的两本影响深远的小册子《理性时代》和《人的权利》最具代表性。潘恩撰写的《常识》一书对美国的建国有不可磨灭的贡献，它让美国殖民地人民了解到，“大陆应该永远被小岛统治”的想法太过荒谬，也让他们知道，他们需要“一个向人民收取最少的费用，却能带给人民最多幸福的政府”，并且理解“任何事情越简单，越不容易失序”的道理。[1]

托马斯·杰斐逊、亚历山大·汉密尔顿和潘恩英雄所见略同，他们也极力主张理性、权利与改革。约翰·亚当斯、乔治·华盛顿、詹姆斯·麦迪逊以及其他的美国开国先贤，都十分重视18世纪的价值观。18世纪的价值观强烈影响了英国和整个欧洲，那是“名人辈出”的时代，提倡者包括埃德蒙·伯克、大卫·休谟、康德、约翰·洛克、牛顿、让-雅

1 我想你一定看出来了，后面这两点在本书中经常出现。

克·卢俊和亚当·斯密等人，美国的众多开国元勋都受到他们极大的启发。

这些哲学家的思想也受到了前人的启发，那也是一个“群星璀璨”的时代，从荷马、索福克勒斯、苏格拉底、柏拉图、亚里士多德和维吉尔，到但丁、莎士比亚、弗朗西斯·培根和约翰·弥尔顿等等。这些人全是伟大的思想家和作家，他们以坚定的态度清晰地表达他们的观念，这些观念至今影响着我们。

18 世纪理性时代的众英雄，都是站在这些前人肩膀上的，我们很难想象，如果没有这些人的贡献，今天这个世界会变成什么样子。[1]

18 世纪的典范

18 世纪的典范应该是本杰明·富兰克林。我之所以以他为例，不仅因为他是启蒙时代价值观的最佳代表人物，也因为他是我所住的那座“友爱之城”最有名气的市民。

富兰克林的成就无人能比，他是开国元勋、书画家、政治家、外交家、科学家、哲学家和作家。他讲过很多名言，

---

1 我认为，如果当时没有《联邦论》（收录了大约 85 篇文章），我们的宪法就无法获得 13 个州中的 9 个州的批准。（这 13 个州最终都批准了这一法案。）《联邦论》有 52 篇是亚历山大·汉密尔顿执笔的，他当时用的笔名是“普布利乌斯”，这是罗马共和国开国元勋和伟大的将军普布利乌斯的名字，意思是“人民的朋友”。

智慧之高众所周知。他的创业精神令人十分赞叹，不管放在哪个时代来看，这个人都很厉害，我们这个时代的人根本不能和他相提并论。

在这个资本主义大行其道的时代，“创业家”这个词通常是指“受到赚大钱或贪婪的欲望驱使而创办新事业的人”。然而，创业家这个词实际上指的是，“从事某种事业的人”，也就是创办并领导一个组织的人。创业精神如果能得到充分发挥，人们不仅能赚大钱，还能创造出更重要的成就。

你们不相信也没关系，我们就来听听伟大的熊彼特是怎么说的吧。熊彼特在近100年前完成了《经济发展理论》，他在书中说，驱使创业家创业最重要的动机，并不是物质与金钱利益，而是以下更为强烈的动机：

（1）创造的乐趣，完成事情的乐趣，施展才干与聪明才智的乐趣。

（2）征服的意愿，奋斗的冲动……成功并不是为了享受成功的果实，而是为了成功本身。

创业家与资本家的区别

创业家和资本家完全不一样。诚如富兰克林传记作家布兰兹所言，“如果富兰克林拥有资本家的灵魂，他就不会把时间花在搞印刷上，而是用它来赚钱了”。然而，富兰克林并没有那么做。赚钱永远只是达成目的的手段，并不是目的本身。富兰克林之所以创办那些事业，发明那些东西，都是为了公众的利益，不是为了他个人的利益。富兰克林代表的是 18 世纪理想主义版本的创业精神，即便到了今天，这种精神也很鼓舞人心。富兰克林提醒我们，“干劲与毅力将战胜一切”，这很可能就是他自己的初心。套用熊彼特的话，它之所以这么做，是为了享受创造的乐趣，享受施展才干和聪明才智的乐趣，也是为了享受征服以及体会打一场胜仗的乐趣。

富兰克林当时创办了一家互助保险公司，这表明他的创业精神也包含了社区意识。在 18 世纪，火灾一直是城市的主要威胁。1736 年，当时还不满 30 岁的富兰克林为了解决这个问题，创办了联合火险公司，组织了一群人，有火灾发生时就排成长龙传水救火，保护出资者的屋舍。没多久，费城陆续成立了其他火险公司，这些火险公司的竞争日益白热化。到了 1752 年 4 月，富兰克林和其他同行联手创办了美国最古老的财产保险公司 Philadelphia Contributionship，这家公司至今还在经营。富兰克林的成就不仅仅是这些，他还创办了一家图书馆、一所中学、一所大学、一家医院和一个学会。这些都不是为了他个人的利益，而是为了造福他所属的社区。

富兰克林和很多创业家一样，都是发明家。同样，他的目标是提高社区的生活质量。他发明了很多东西，有避雷针、富兰克林炉（更别提双焦距眼镜和脚蹼了）等等。他并没有为了赚钱而去申请避雷针的专利，也婉拒了州长想帮富兰克林炉申请专利的好意。富兰克林炉又称宾州壁炉，是富兰克林1744年的重要发明之一，这种铸铁壁炉大幅提升了住宅的供暖效能，对社会大众有很大的贡献。富兰克林深信，“知识，并不是发现知识者的个人财产，而是众人的共同财产。由于我们也享受了别人的发明所带来的种种好处，因此，如果有机会用我们的发明来服务别人，我们应该感到高兴才对，而且应该免费且慷慨地让他人使用”。

21世纪的第一个10年结束了，以富兰克林为代表的18世纪的价值观和今天的价值观形成鲜明对比。今天，专利诉讼杀红了眼，大企业的高管开出天价薪酬，对冲基金经理拿走巨额佣金（不管基金是赚是赔，也不管基金还在不在，他们通常都可以拿到这些钱），社会大众大都各扫门前雪。事实上，这两个世纪的差异还真是天壤之别。

公正的旁观者

富兰克林是理性时代的化身，跟他同时代的亚当·斯密（他比富兰克林小17岁）则是经济学的化身。亚当·斯密在《国富论》中提出了“看不见的手”的说法，并说明“看不见的手”是如何推动经济的，这个理论对今天的经济哲学仍然相当重要。

亚当·斯密写道：

每个人都只顾自己的安全；通过让生产价值最大化的方

> 式管理着自己的产业，原本只想盘算自己的利益，但经过一双看不见的手的引导，也同时促进了原先无意达成的目标……自由追求个人的利益，往往也促进了社会的利益，反而比真正打算增加社会效益更有效。

今天，“看不见的手”几乎无人不晓，可是，亚当·斯密提出的“公正的旁观者”却没什么人知道。“公正的旁观者”出自他更早期的作品《道德情操论》，这个词呼应了富兰克林所坚持的价值观。

亚当·斯密告诉我们，公正的旁观者能够召唤出慷慨高尚的价值观。公正的旁观者就是“人之精神”，是由我们所处的社会或我们的灵魂塑造出来的，它会给我们最崇高的召唤。用亚当·斯密的话来说：“它是理性、原则、良心，是内心的居住者、内心的人，是判断我们行为的伟大法官和仲裁者。”

> （公正的旁观者）以一种惊心动魄的、足以震慑我们最放肆的激愤的声音向我们疾呼，我们不过是无数生命中的一员，绝不高人一等；如果我们如此妄自尊大，必将受到人们的仇视、憎恨和诅咒。只有从公正的旁观者那里，我们才能明白自己的渺小和微不足道。正是这个公正的旁观者……向我们展示了慷慨的行为是得体的，违反正义的行为是丑恶的；为了他人更大的利益而牺牲自己的利益是正确的，为了自己最大的利益而使他人受到哪怕

> 最小的伤害也是丑恶的。很多时候，促使我们按照神性的美德去行动的，既不是对邻人的爱，也不是对人类的爱。它是一种更强烈的爱，一种更强大的情感，一种对光荣、崇高、伟大、尊严和品格的爱。

亚当·斯密字字珠玑，他的这些价值观足以鼓舞21世纪的人。这些价值观被我们忽视，且正面临着彻底消失的危险。公正的旁观者是个很重要的隐喻，代表了18世纪那些崇高的价值观。

美国企业的道德史

有很多证据显示，富兰克林和亚当·斯密所看重的价值观，那个时代的生意人也很看重。事实上，我在1949年看的那期《财富》杂志上还有一篇文章叫《美国企业的道德史》，它也激发了我普林斯顿大学毕业论文的灵感。我在几年后重读时发现，尽管记不太清那篇文章的内容，但我很确定自己当年读过那篇文章。而且，我很快地回想了一下，当初我创办先锋领航集团时立下的几条基本原则，和《财富》杂志那篇文章所提到的“企业的道德责任”是密切相关的。

那篇文章开头就说，企业领导者之所以辛勤工作，动机不仅仅是“利益”这一项。其他的动机包括“对权力或威望的热爱、利他主义、好战的性格、爱国主义和对流芳百世的期待”。

我承认，这些动机我都有（人生苦短，没必要当个伪君子）。不过，我也同意《财富》杂志关于美国社会传统倾向的恰当看法：“生意人掌握了社会权力，但他们的道德凭据是什么？”

《财富》杂志那篇文章先引用了贵格会生意人约翰·伍尔曼的话。伍尔曼是新泽西州人，他在1770年写道：“最好建议人们选择最有用又不昂贵的东西。”接着，那篇文章也（几乎不可避免地）引用了本杰明·富兰克林最喜欢的话，勤奋和节俭，作为“创造财富和获得美德的手段”。

时间来到1844年，那篇文章引用了爱尔兰天文学家威廉·帕森斯的话，帕森斯谈的是“廉洁的商人”。帕森斯形容好商人是“做生意的人，他愿意冒风险，但他不会把别人托付给他保管的财产投入高风险的事业。他会小心地避免浪费，他的生活很简朴，为人很低调。他不仅是商人，也是一个人，他会提升他的心智，陶冶他的内心，塑造他的品格”。

商人与人

帕森斯对商人的定义很有意思，虽然这是在160多年前提出来的，但我觉得他好像是专门针对我而说的。生意人应该是谨慎、可靠而简单的，这些话说到了我的心坎儿里，一语道出了我的事业与人生目标。帕森斯认为，商人只要具备三种特质，就可以定义为人，我也觉得很有道理，就心智来说，我每天都努力提升我的心智（我是说真的！），我会看书、反省，虚心检讨我那些根深蒂固的观念；我还会把每天发生的大事记下来。

就内心来说，没有人的运气比我更好，没有人比我更会陶冶内心，因为我在十多年前就换了一颗心脏！就品格来说，不管我在漫长的一生中建立了什么样的道德标准，我都战战兢兢地经营公司，我也把我的灵魂和精神注入了我的公司。

在比一个人的生命更宏大的范畴里，这些思想、心灵和品格的标准不仅可以用于人生，也可以用在企业经营上。我希望，生产性企业的领导者与金融行业的经理人都能秉持这些标准，来管理别人托付给他们的数万亿美元的资本，我也希望他们能尽心尽力为别人服务。

回归资本主义的受托责任

在这个信息爆炸、重度依赖计算机的时代，我很担心我们已经忘了过去那些引导我们前进的古老真理。这样的恐惧迫使我继续为让资本主义、金融行业和基金管理行业回归重视受托责任的使命而奔走。

虽然这个社会已经没有多少人在遵循18世纪的价值观了，但这些价值观的确存在过。我很高兴，还是有几个人挺身而出捍卫这些价值观的。比如，我们来听听广受爱戴的商人比尔·乔治是怎么说的：

真诚的领导者衷心希望通过他们的领导来服务他人……相较于拥有权力、金钱或声望，他们更感兴趣的是让其所领导的人有所作为……他们用心灵引导他人，用激情和怜悯引导他人，用思想品德引导他人……用目标、意义和价值引导他人……他们与他人建立持久的关系……他们始终如一，严于律己。当他们的原则受到考验时，他们拒绝妥协。

这些乔治在畅销书《领导力》中写的话很有道理。真诚的公司是由真诚的领导者来引领的，这种公司能够创造优秀的绩效，也能够提高企业的内在价值。真诚的领导人会把道德操守注入组织，他们创造的不仅仅是股价飙升，还有收入与每股收益的持续增长。诚如乔治所写："如果我们希望股东价值能够持续增长，最好的方式就是激励员工努力工作，争取客户的信心与信任。"

我们也来听听波士顿大学法律系教授塔马·弗兰克尔是怎么说的。弗兰克尔在其著作《信任与诚实：处于十字路口的美国企业文化》中写道：

对富饶的社会来说，真正的考验并不是社会已经达成的事情，而是社会想要达成的事情。就算诚实的人并没有为他们自己争取最大的利益，我们还是会把他们当作偶像来崇拜……此外，我们还会鄙视、回避不诚实的人，我们会把他们当作失败的典型，因为他们用欺骗和辜负别人的信任来实现自己最大的野心。

“公正的旁观者”能够带给我们洞察力，这是我们需要的。比尔·乔治和塔马·弗兰克尔的说法让我们知道，我们可以融合18世纪的理想与21世纪的现实。他们让我们重新发现早就被人遗忘的18世纪的价值观，那些18世纪版本的企业家精神、互助合作精神和为公众福祉而发明的共同品质：美德。

关于美德

今天，美德这个词会让很多人感到惭愧，但它一定不会让本杰明·富兰克林感到尴尬。1728年，当时才22岁的富兰克林告诉我们，他“构思了一个能令道德臻于完善的大胆计划……我明白（或者，我认为我明白）什么是对的，什么是错的，我当然可以总是做对的事情，避开错的事情”。他告诉我们，这个任务远比他想象的更艰巨，不过，他还是列出了13项美德，包括节制、沉默、秩序、节俭、勤奋、真诚和公正等。他甚至按照这13项美德的重要性排出先后顺序。他每天以晨问开始：“我今天应该做什么好事？”以晚问结束：“我今天做了什么好事？”很难想象，世上还有什么是比这更好的自我修养的哲学了。

如果不以 18 世纪理想主义的角度，而是用 21 世纪怀疑主义的眼光来看，我必须承认，我也很好奇富兰克林当时那么年轻，怎么会有那么强烈的道德感和那么严格的自我要求。在今天这个社会，没有多少人在乎美德，用他自己的话来说，当时的富兰克林培养了正直诚信的品格。这使他拥有非常大的影响力，让他能够号召同胞，共同为美国的建国大业打拼。

在致力于增进公众福祉的富兰克林身上，处处可见这样的人格特质，从他的企业家精神中，从他的乐于创造发明中，从他的乐于挥洒聪明才智、干劲与毅力中，我们都能清楚地看到。这样的人格特质，也让他总是努力设法平衡骄傲与谦逊，在我们这个重视光鲜亮丽的外表、名气与金钱的时代，很多人早就不关心这件事了。富兰克林在他的自传中写道：

> 在现实中，我们最难抑制的情绪是骄傲。尽管设法掩饰，竭力与它斗争，打压它、扼杀它、克制它，但它仍然存在，而且不时出现；因为即使我以为我已经完全将它克服了，我也会为我的谦逊感到骄傲。

坦白说，他的话点醒了我，我的骄傲的确经常出现，而我的谦逊也需要加强。

富兰克林的确是 18 世纪价值观的化身，他是我们这个时代的典范。他跟我们的对比十分明显。和他相比，我们太重视 21 世纪的价值观，我们被自私自利的心态牵着鼻子走，我们不太重视 18 世纪的价值观，在那个年代，“公正的旁观者”不仅是人心的明灯，也是全社会的共同目标。

第 十 章

功利太多，品格太少

先说个故事。

这个故事是一位受人敬重的牧师弗雷德·克拉多克讲的。克拉多克来自佐治亚州，是一位很有名的牧师。我觉得这个故事应该是他编出来的（牧师通常都会这样做），但他说它是个真实的故事。克拉多克博士有一次去看他的侄女。她的侄女家有一条格雷伊猎犬，就是那种会在赛狗场上追逐机器兔子的猎犬。这条狗因为无法继续上场比赛，面临着被安乐死的命运，他的侄女救了它，并收留了它。克拉多克博士和这条狗之间有一段对话：

我对这条狗说："你还在比赛吗？"

"不比了。"它回答。

"呃，为什么？因为你太老了？"

"不是，我偶尔还是会跑一跑。"

“呃，那是为什么？因为你赢不了吗？”

“我帮我的主人赢了 100 万美元。”

“呃，那是为什么？是因为待遇很差吗？”

“哦，不是，”这只狗说道，“以前比赛的时候，他们会把我们伺候得很好。”

“那你是跛了吗？”

“不是。”

“到底是为什么？”我逼它回答，“为什么？”

这只狗答道：“我辞职了。”

“辞职？”

“对，”它说，“我不干了。”

“你为什么不想干了？”

“因为跑了这么多年，我最后却发现，我追的兔子竟然不是真的，所以我就辞职不干了。”

这个故事是真的吗？嗯，也许不是。但我希望大家都能想想那条老猎犬的心情。我们自己是否也经常拼命地往前跑，拼命地追逐一只叫“成功”的假兔子，最后却发现，真兔子其实就在我们眼前，我们却视而不见。

如何衡量财富？

先声明，我并不是反对成功，而是人们对成功的定义太多了，所以我尽量不用这个词。[1] 在就读普林斯顿大学的时候，我经常和班上的同学闲聊，我们当时对成功的定义就是最常见的那种——获得财富、声望和权力。当时，我认为这个定义很有道理，毕业至今50多年，这个定义还是很有道理。事实上，字典也是这么定义的："成功：根据一个人的愿望，达成某件事，通常是获得财富或地位。"

因此，我承认财富、声望和权力仍然是成功的三大要素，但不是我们定义这些要素的传统方式。我逐渐认识到，不能只用"金钱"来衡量财富，不能只用"掌声"来衡量声望，也不能只用控制他人来衡量权力。用金钱来衡量成功是很肤浅的。如果金钱是我们追求的目标，那么人会以金钱的多少来论成败。世上还有比这更愚蠢的事情吗？那么我们应该用什么标准来衡量财富？我们可不可以用幸福美满的人生？可不可以用家庭幸福的程度？有些人的工作对人类、对社区有很大的贡献，还有谁比他们更富有呢？

我并不是说金钱不重要。谁不想要充裕的金钱？有了充裕的金钱，我们才能充分享受人生，充分享受自由。我们都希望免于匮乏，都希望拥有经营事业的资本，都希望拥有教

---

1 说来也奇怪，我没太想过功成名就这些事情，就像我不是太担心我这辈子可能会一事无成一样。我从来不把注意力放在这些抽象的观念上。更确切地说，我相信，我只要每天都尽力做到最好，我只要做得比人家要求我去做的更多，我只要做得比人家预期我会做的更好，我的未来自然就会一片光明。

育子女的经费，都希望安享退休生活。但是，想要达成以上目标，到底需要多少金钱？的确，我们应该重新思考，我们在社会最极端阶层观察到的超级财富的那种获得生活中无数事物的能力，到底是福还是祸？

如何衡量声望和权力？

用声望来衡量成功，也是有问题的。说来遗憾，在这个时代，声望似乎成了人们塑造自我的重要工具。但我希望，那些积极追求声望的人能问自己两个问题：声望从哪儿来？它会带你往哪儿去？是的，运动明星和影视明星声名显赫，这种显赫却很短暂。我们都很爱看他们使出浑身解数来娱乐我们，但在今天这个快节奏的世界里，这种声望大都很难维持，顶多像知名艺术家安迪·沃霍尔说的，每个人都可以成名 15 分钟。凭真本事得来的声望是一回事，基于自我膨胀得来的、靠着装腔作势得来的、通过从我们的企业和金融机构（还有投资者）身上榨取财富得来的和用来实现卑鄙目的的声望，却是另一回事了。

我只是个平凡人，因此坦白说，我偶尔也喜欢声望带来的乐趣。2004 年 4 月，有一天，我翻开《时代周刊》，看到它首次进行的年度“全球最具影响力的 100 人”名单，而我居然和很多“英雄与偶像”级人物一起进入名单，例如摇滚乐队 U2 的主唱保罗·大卫·休森、南非政治领袖纳尔逊·曼德拉、高尔夫球名将泰格·伍兹。我知道，我之所以入选，并不是因为我高尔夫球打得好（我的球技很一般），也不是因为我看起来祥和平静（更是不存在！）。我之所以入选，是因为我创办了先锋领航集团，而且发明了世界上第一只指数基金。我很感谢《时代周刊》给我这份殊荣。

我也知道，虽然先锋领航集团和指数基金为投资者赚了很多钱，但还有数以千计的个人对当代社会的影响比我大，还有成千上万人虽然很少或者没有被公众认知，但他们对自己所属的社群做出了巨大的积极贡献。事实上，很多对我们社会的日常运转做出最多贡献的人，连片刻的声望都没有享受过，也没有得到公众的掌声与崇拜。

这就让我们想到权力。没有人比我更清楚，手握经营大权有多令人兴奋。如果明智地行使权力，那么指挥公司的人员、控制公司的资金是非常有趣的，可以强化一个人的自信心，还能带来把事情做好的成就感。然而，如果草率地行使权力，利用权力要特权，好大喜功地进行并购，进行不明智的资本支出，那么，企业的价值不仅无法提高，还有可能降低，这时，不仅仅是股东，还有忠诚的员工，乃至整个社会都会成为输家。

我们应该尊敬的是有价值的权力——智慧的权力；有道德操守的权力；使与我们一起工作的人在技能和精神上都得到成长的权力；尊敬努力打拼的公司成员（不论职位高低）的权力；帮助同伴的权力；以及用亚当·斯密的话来说，“某种伟大、美好、高贵的东西，值得念兹在兹，为之奋斗，使人类的工业不断运转，能够发明、提高科学和艺术，能够美化人类的生活，使之变得高尚”的权力。这种权力才是值得追求的权力。

因此，我们应该如何衡量成功？答案是：成功不能只用金钱来衡量，也不能只用“拥有多少控制他人的权力”来衡量，更不能只用短暂虚幻的声望来衡量。不过，成功可以用“为建立美好世界做出贡献”“帮助同胞”“把子女教育成懂得关心别人、奉公守法的好公民”等标准来衡量。总之，我们不应该以获得多少东西来衡量成功，我们应该以为社会做出多少贡献来衡量成功。

意义，而非目的

坦白说，我的确偏爱商业，一部分是出于私心（我是个生意人），另一部分是出于真诚的信念。企业为社会提供商品与服务，让大家的日子过得更好，金融行业为资本主义发挥润滑作用，而企业家精神是推动创新的重要力量。再者，生意人也推动了美国资本主义的发展，使美国经济繁荣并成为全世界羡慕的对象。这都是好的一面。可是，我们这些选择经商的人必须问自己：我们追逐的到底是成功的假兔子，还是有意义的真兔子？有意义的真兔子是由我们对社会做出多少基于原则、美德和品格的贡献来定义的。

如果你从事某个工作，仅仅是为了发财、出名或利用权势，这个工作对你来说就不是对的工作。如果你从事某个工作，仅仅是为了达成别人的期望，那么这个工作也不是对的工作。如果你的成功会给社会带来损失，你的成功就不是对的成功。我们应该如何衡量成功？应该是看它有没有符合自己的期望，有没有充分发挥自己的才能。

当个追真兔子的人

我认为，商业和金融行业的人肩负着特殊的责任，因为商业和金融行业是我们社会中大多数人赚钱最多的行业。然而，金钱会蒙骗我们，让我们搞不清楚我们到底做了什么事情，以及我们为什么要那样做。法国哲学家笛卡儿在400年前告诉我们：“一个人无法理解与他的利益相冲突的论点。”所以，我们一定要经常问自己，我们正在追逐的兔子到底是真的还是假的。

我们就拿生意人和追逐真兔子的人来比一比吧。追逐真兔子的人有内科医生、外科医生、护士、教师、科学家、雕刻家、画家、历史学家、音乐家、作家、诗人、法学家、认真的公务员、牧师、神父、拉比等等。我们之所以尊敬追逐真兔子的人，是因为他们都是认真负责、热心奉献的人，虽然他们都清楚，这么做不可能让他们发大财，不可能让他们享有伟大的声望，或者让他们掌握大权（连短暂的掌权都没办法实现），但他们依然无怨无悔地为我们的社会服务。

不过，追逐真兔子的不只这些人，还有那些从事寻常工作的人，像电工、木匠、军人、消防员、水管工、机械师、计算机程序员、列车长、飞行员、导航员、园林设计师、石匠、技术人员和农民等等。如果不是这些人从清晨醒来就开始工作，而且持续工作一整天，这个社会是没办法运转的（他们任劳任怨，而且几乎无法享受世俗所谓“成功”的果实）。这些人根本不需要问他们追的兔子是真是假，他们追的一定是真兔子！

海伦·凯勒曾经说：“我的希望是完成伟大崇高的任务，但我的本分是完成卑微的任务，就好像它们是伟大崇高的。世界能够前进，不仅靠英雄们来推动，也靠每个正直劳动者的渺小力量的汇集来推动。”

美国前总统伍德罗·威尔逊说得更好：

> 美国的宝藏不在那些控制大企业的人的头脑里，而在于发明，在于创造，在于默默无闻的人的雄心壮志。每个国家都是靠无名英雄来革新的，不是靠已经成名和有权势的人来革新的。

为何而竞争？

生活总会产生新挑战。今天，美国的富裕生活也产生了很多新挑战——这种享有权利、拥有经济实力和军事实力的感觉，既为美国赢得了钦佩，也让美国被很多人嫉妒，甚至仇恨。老实说，60 年前的世界是更天真的，和那时相比（我当时还只是个年轻人），今天这个世界对年轻人的要求更高。高中生花在学习、运动和课外活动上的时间是过去的两三倍，没办法，如果不这样做，他们就进不了知名大学。进了大学以后，为了争取好成绩，他们还得照样用功，只有这样做，他们才能进入最好的研究所。所以，他们得一辈子竞争下去。

这种情况其实还好，竞争本来就是人生的一部分。可是，我还是得再问一次，你们为何而竞争？是为了分数还是知识？是为了形式还是内容？是为了声望还是美德？是为了明确的事务还是模糊的事务？是为了追随别人的愿望还是你自己的？如果你缺乏荣誉和品格，这一切意味着什么？这就是问题所在。最优秀聪明的人都被训练成只会追逐成功的假兔子的人，他们缺乏追逐无形品质的训练，而这些无形的品质正是通向真正成功的美德。

没有品格与勇气，所有事物都无法延续

2004 年 11 月，在《纽约时报》的一篇文章中，大卫·布鲁克斯说得很好：

受过高等教育的年轻人，在人生的各方面都得到很好的

教诲与指导，只有品格方面除外，而这方面却是最重要的。假使没有品格与勇气，所有事物都无法延续。

如果不教导品格，他们怎么可能学得会？在这个富裕的世界中，很多年轻人的品格并没有发展好。品格的建立需要经历失败，需要经历逆境，需要沉思，需要决心和坚定，需要找到自我。当然，品格的建立也需要尊荣。然而，尽管品格是精神力量的源泉，我们却好像不怎么看重品格。事实上，我们的挑战并不在于如何找出有用的精神源泉，而是如何去芜存菁，挑出最好的部分。比如，虽然《旧约圣经》并未使用“品格”这个词，但还是用了不少词来描述品格的美好：

便说，人算什么，你竟顾念他，世人算什么，你竟眷顾他。（《诗篇》8:4）

敬畏耶和华，是智慧的训诲。尊荣以前，必有谦卑。（《箴言》15:33）

敬畏耶和华心存谦卑，就得富有、尊荣、生命，为赏赐。（《箴言》22:4）

追求公义仁慈的，就寻得生命、公义和尊荣。（《箴言》21:21）

《新约圣经》谈到品格的地方也很多。比如，圣保罗说：

“但那些想要发财的人，就陷在迷惑、落在网罗和许多无知有害的私欲里，叫人沉在败坏和灭亡中。贪财是万恶之根。”圣路加也对那些有幸获得富足生活的人（广义来说，包括今天大多数美国人）说：“因为多给谁，就向谁多取……多托谁，就向谁多要。”

莎士比亚也谈了不少。他用《哈姆雷特》当中的一段话来总结品格。这段话大家都听过，就是御前大臣波洛涅斯送给他儿子雷欧提斯的忠告。波洛涅斯是在雷欧提斯启程前往法国之前讲的，这段话很有深意：

> 尤其要紧的，你必须对自己忠实，
> 正像有了白昼才有黑夜一样，
> 对自己忠实，才不会对别人欺诈。

所以，就忠于你自己吧！就做你自己吧！如果你不是你应该当的那种人，如果你不是你想当且能当的那种人，你就把自己变成更好的人吧。你办得到的，不管你是16岁、60岁，还是和我一样已经90多岁了，甚至比我更年长！

我们就和克拉多克博士故事中的老猎犬一样，年纪越大，我们在人生的跑道上跑得越慢。不过，年龄带给我们的好处是，它能让我们更清楚哪种兔子才重要。重要的是，我们在自己的内心和灵魂深处都有能力成为字典中“尊荣”定义的典范：“品格高尚、心灵高贵、藐视卑鄙、宽宏大量、明辨是非、尊重美德。”

我们追的是真兔子，还是假兔子？

大多数人都不会花太多时间去思考，我们正在追的兔子是真的还是假的，因为我们四周都是指示牌。然而，每当夜深人静或独自面对自己时，很多不需要去想“辛勤工作究竟有何价值”和“何为幸福快乐的人生”的人，也会思考这些问题。然而，不管他们想不想这些问题，“我们”这些事业做得很大、赚了很多钱的人——由于出生、基因、天赋、运气、决心和其他人的帮助，都是会想的，这是无法避免的。（也许你会惊讶地发现，我经常独自思考我的生活和事业的价值。）如果我们从事的职业能为社会创造价值，那么我们会变成更好的人，我们会完成更伟大的事情。累积个人财富不会是我们的目标，而是附带产生的结果。再者，一旦给自己设定了这个挑战，我们就会努力塑造我们的品格，以便我们能坚持我们的工作。

我们都是人类的一员。我说的“我们”，是指那些承担生命中更崇高使命的人，也是指那些让世界得以运作的无名英雄，还有那些运气很好，靠着从事商业、贸易、金融业和其他高报酬行业获得美好生活的人。因此，我们千万不要追了半天兔子，却发现它是假的。我们也不要像那条老猎犬一样，因为打击太大就辞职不干了。我们应该做的是，先确定我们正在追的是不是真兔子。我说的真兔子是指，虽然这个世界很复杂，很危险，很不确定，我们还是会尽全力为同胞服务。

一旦确定了我们正在追的是真兔子，我们就要在人生的跑道上努力跑下去。我们太重视世俗定义的成功，也就是用财富、声望和权力来定义的成功。然而，我们却一点儿都不重视更崇高的成功，这种成功是用精神层面的财富、声望和权力来定义的，这种成功可以总结为一个词——品格。而对品格的追求是永无止境的。美国最重要的议题是如何塑造美国人的品格，我们每个人都应该关心这个议题，我们办得到，我们都可以为这个崇高的任务尽一己之力。

结尾：
什么是“足够”

让我们一起说：足够！

在一本题为《足够》的书中，或许你会想：对约翰·博格来说，怎样才算足够？对读这本书的你来说，怎样才算足够？这个问题也笼罩在美国的上空，对我们的社会来说，怎样才算足够？

在冯内古特对那位亿万富翁东道主的财富状况发表评论时，约瑟夫·海勒脑海中显然想的是“足够”的观念该如何运用到财富上。不过，正如你所见，我已经把足够这个观念用在金钱以外的地方，用在了企业经营和人生上。因此，在我开始讨论财富这个议题之前，我先来探讨一下幸福与成功（尤其是正确的成功）之间的关系。

史怀哲说得很对，“成功不是幸福之钥，幸福才是成功之钥”。老实说，我认为，几乎所有人都对什么是幸福以及我们在人生中找到了多少幸福这两个问题有很好的定义。我们所有人或多或少都经历过人生的酸甜苦辣、悲欢离合，渐渐地，我们也会明白，几乎所有事都会过去，日子还是要继续。大体上，人类的适应力是很强的。

心理学家相当精确地提出三个要素来定义人类的幸福。事实证明，金钱虽然能带给我们幸福，但我们很快就会提高我们的物质要求，财富带给我们的幸福会变得十分短暂。《美国心理学家》杂志的一篇权威性文章认为，决定我们幸福的不是金钱，而是以下这三种特质：（1）自治，指的是我们有能力掌控自己的人生，做我们想做的事情；（2）与他人保持联系，形式包括关心我们的家人，和朋友同事来往，结交各种朋友；（3）运用我们的能力，运用上帝赋予的才能和自身的努力，发奋学习。遗憾的是，有些人运气不好，永远无法发展出这些特质，要不就是没有机会发展这些特质。但是，绝大多数人的运气几乎都还不错，我们多多少少都拥有这些特质，也都沉浸在这些特质所带来的幸福里。

明白了幸福在我们的生活中的意义这件重要的事情之后，我们从金钱的角度看一看什么是“足够”。

我生命中的“足够”

在谈我生命中的“足够”之前，我必须承认，在我 57 年的职业生涯中，我运气很好，赚到了足够的钱（事实上，绰绰有余）。我赚的钱够我太太一辈子衣食无忧；够给 6 名子女留下一些财产（就像一般人常说的，“足够让他们做他们想做的事情，但不足以让他们什么都不用做”)；够给 12 个孙子、孙女留下一点点钱；最后，还够给我在多年前创立的慈善基金会留下一笔可观的财富。与不幸的人分享我的财富，是为了实践我的信念：每个在这个国家赚到钱的人，都有义务将赚来的一部分财富回馈社会。

尽管在过去 20 年里，我每年都把一半的收入捐给各种慈善机构，但我还是累积了不少财富。我不把这些捐献视为行善，而是把这些捐献当作我这辈子所累积的庞大债务的还款，这包括（此处排列并无特殊意义）：我们家族所信奉的、为我们带来强大精神力量的教会；在我与心脏病斗争的 50 多年里，如天使般悉心照顾我的医院；以及大费城社区的美国联合慈善总会。

我也为好几个重要机构提供支持，因为它们让我有机会服务社会。我最支持的，是位于费城独立广场的“国家宪法中心”。这家机构的目标是让美国主流社会重新认识宪法的价值。我已经在这个中心服务了 20 年，包括担任了近 8 年的主席，以及很荣幸在 2003 年主持了中心的挂牌仪式。

以前就读的母校也是我资助的对象。这几所学校为我日后的人生与事业奠定了良好的基础。首先是布莱尔中学，这所学校让我养成了读书的习惯，让我对数学、历史、科学和英语有了更好的理解，也为我打开了机会之门；其次是普林斯顿大学，这所学校磨炼了我的心智和品格，教导我尊敬和欣赏西方文明的启蒙者（思想家、作家、音乐家和艺术家）与美国的开国先贤，以及让我秉承至今的 18 世纪价值观。

“种什么因，得什么果。”所以，我捐了很多钱成立了“博格兄弟奖学金”，这是我最重要的成就之一。博格兄弟奖学金的发放对象是布莱尔中学与普林斯顿大学的优秀学生。这个奖学金已经成立很久，从多年前我的收入大幅超过支出开始，我就开展了这项计划。

当年，我在这两所学校都曾经领过奖学金。我之所以在这两所学校发放奖学金，是因为我必须报恩，必须帮助其他和我们兄弟当年一样需要奖学金的人。（当时的布莱尔中学校长布里德博士，曾经与我父亲通过几次信，信中提醒我父亲，一定要缴我们的学费，我们的学费总共是 100 美元。我父亲回信道:“真的很抱歉，可是我没有 100 美元。”）到目前为止，布莱尔中学已经有 128 名学生领取了博格兄弟奖学金，而普林斯顿大学也有 110 名学生领取了这项奖学金。

我很高兴能够认识这么多优秀的年轻人，他们的学术成就让我与有荣焉。这些优秀的人才已经开始了解（或即将了解），他们不仅要把潜能用来服务美国社会，也要用来服务全世界。以我对美国年青一代的观察，我对美国越来越有信心，对未来也越来越乐观。

现在来谈一下我所拥有的金融资产吧。在《福布斯》美国 400 富豪榜上，有 87 位是靠金融行业致富的——有的靠创业，有的靠投机，有的靠辛勤工作，也有的纯粹就是靠运气好。许多创办投资管理公司的人（通常还有他们的继承人），都累积了庞大的财富。在《福布斯》美国400富豪榜上，金融行业人士排名最低的据估计也有13亿美元财富，排名最高的是富达集团的约翰逊家族，拥有约250亿美元财富。

我的资产不曾超过10亿美元，甚至也没有超过1亿美元。我的资产为什么这么少？那是因为，作为先锋领航集团的创始人，我的公司会把最大份额的收益分给投资者。先锋领航集团的共同基金是真正的共有式共同基金。我们省下来回馈给投资者的累计金额，比其他投资公司的回馈金额多出近1 000亿美元。

之所以能够省下这么多钱，是因为先锋领航集团是以成本为基础的。因此，先锋领航集团（这家公司的老板不是我，而是我们旗下的共同基金）实际上赚到的净收入等于零。然而，拜先锋领航集团合伙人计划所赐，先锋领航集团的基金资产大幅增加，基金回报良好，投资者所负担的费用大幅减少，而我分享了这些好处，个人收入也非常丰厚。[1]

因此，和同行业的人相比，我在金钱方面可以算是失败者。他们比我有钱太多了，如果他们知道，一定会很高兴。

---

1 我必须完全坦白：我推迟了部分薪酬的领取时间，美国绝大多数企业高管普遍采取这种做法。递延部分是复合免税的，不过，当日后领取时，账户最终价值将完全征税。（有些递延薪酬计划并不是以现行的利率来计算利息的——就像我的那样，而是以高达13%的年利率来计算的！）这两种情况都需要改革：一方面，我们必须限制累计的递延金额，确定一个合理的范围；另一方面，必须将累计利率限定在市场利率的范围内。

不过，你们可能会说，我的失败是自找的。我当时并不知道，先锋领航集团的规模会变得这么大，也不知道发明先锋领航集团的共有结构会让我放弃这么多钱。

不过，我觉得没什么关系，原因有三。首先，我出生并成长在一个节俭重于花费的家庭。我并不奢侈，直到现在，叫我花钱买非必需品我还是会心疼。我得承认，偶尔我会打破这些原则，比如，我对旗帜画毫无招架之力，我还因此购买了贾斯培·琼斯和施尔德·哈森的经典作品的复制品。不过，在我漫长的职业生涯中，我从没有在任何一年花的比赚的还多。

其次，从1951年开始工作以来，我就加入一项很棒的固定缴费制退休金计划。我当年一进威灵顿管理公司就加入了这项计划，创办先锋领航集团之后，我还是维持这项计划，直到今天，我还在持续投资。我的第一次缴费是在1951年7月，那时我刚进威灵顿管理公司，总计交了第一个月薪水（250美元）的15%，也就是37.5美元。从那时起，我就定期往我的退休金计划（后来我又参加了一个退休储蓄计划）中投入15%的薪酬——从20世纪80年代末期到20世纪90年代中期，我的薪酬大幅增长。

在我卸下先锋领航集团董事长的职务后，先锋领航集团每年还会给我一笔不算多的薪水，而我也会拨出15%存起来。我还没有退休，所以我还不能领取退休金。通过延后课税的退休金计划及长期的投资，就能累积不少财富，我就是一个实际的例子。我的退休金计划是我家收支表上最大的一笔财富，虽然我不会把具体金额告诉你，不过，我可以跟你说，目前的金额还蛮吓人的。

再次，我的投资很明智，我不搞投机炒作，只谨慎地投资低成本的共同基金（你猜对了！）。我先是投资威灵顿基金（至今我仍然持有），后来绝大多数都是购买先锋领航集团的股票基金。到了1999年，我觉得股市投机太严重了，于是开始降低持股比例到总资产的35%左右，并将债券部分提高到65%，从那之后，虽然股市和债市有所波动，我却再也没有更改我的资产配置。直到今天，就算市场很乱，我也尽量避免去看我所持有的基金还有多少价值（这个做法对我们大家都好！）。

所以，我这辈子的幸运来自神奇的结合：我遗传了苏格兰人的节俭天性；我的收入很高；我习惯把每年没花完的钱存起来；我善用免税的复利创造数学奇迹；我对投资与资产配置有丰富的常识。我不断苦口婆心地鼓励大家这么做，也以行动证明我说的是对的。因此，我可以向你们打包票，我说的一点儿都没错。这一套的确管用！

你生活中的“足够”

恪守中庸之道的人，不仅要避开简陋的茅屋，也要避开令人羡慕的宫殿。

这是2 000年前古罗马诗人贺拉斯要我们遵守的准则，放在今天来看同样适用。我所拥有的财富，足以让我遵守中庸之道，当然，我显然偏向富裕的那一边。

我相信，正在阅读本书的人，也都能恪守中庸之道。这么多年来，我少说也见过几千个投资者，还有更多人通过写信和发电子邮件的方式找到我，据我了解，很多投资者（事实上，是大多数投资者）其实已经存够了满足自己所需与所欲的财富。我很难用语言表达我是多么高兴，因为我对如何成功投资的一些设想在这一成果中起到了关键作用。

有人问石油巨子约翰·洛克菲勒拥有多少金钱才足够，他答道，“再多一点点”。但据说，对大多数人而言，所谓足够，是比自己所需的“多出1美元”，这倒是看待“足够”这个概念的好角度，只不过，实际问题比这复杂多了。《华尔街日报》刊登过一篇《节俭到底怎么了？》的书评。对于“美国人有足够的钱吗？”这个问题，这篇书评给出一个很睿智的答案：“这取决于什么是足够。对我们自己来说足够吗？能满足我们邻居的需求吗？我们的孙辈呢？我们邻居的孙辈和我们孙辈的邻居呢？……不管用什么标准，我们存下来的钱都太少了。”储蓄（早点儿存、经常存、规律存）是累积财富的关键，不管对谁来说都一样。这是个非常简单的道理。

如果你想多存点儿钱，有个办法很管用，那就是，尽量把你第一次领取退休金的时间往后延。（2008年，62岁的已婚夫妇每年最多可领2.88万美元的退休金；到70岁——退休金必须被给付时，这个金额将变成 4.77 万美元。）还有一个法子你一定也听过，就是专心投资，别搞投机。始终管理投资成本。就连《华尔街日报》的那篇书评也引用了两条原则。“重要的是：坚持投资低费用基金。更重要的是：我们只要做一些非常简单的事情，就可以成为更明智的投资者。”

在规划未来的财富时，你不要只看股票、债券名义上的总收益，而是要减去你所知道的费用，然后计算净收益。之后，你必须假设，净收益也会因通胀而缩水。（你选一个通胀率：2.5%？ 3.5%？ 4.5%？更多？）设定切实可行的目标，这样才有可能达成。我可以随便举出几十个让金钱变得足够的建议，不过，这些我以前都讲过了，各位可以去看看我写的《博格谈共同基金》《共同基金常识》《投资稳赚》。

一个“足够”的社会

似乎很有可能，你们中的大多数人都有足够的财富过上舒适、愉快的生活，或者在你退休的时候，当财富积累减缓，财富分配开始的时候，你有足够的财务头脑让自己的财富达到足够的标准。但是，凭良心说，直到现在，我们的社会都还有数以百万计的人正过着贫困的生活，他们拥有的还远远不够，而且他们永远也不会有足够的钱让他们以一个相对较高的标准生活。

尽管美国社会富者越来越富有，但是贫者仍然很穷困。

比如《纽约时报》最近做的一项研究指出，2006 年，曼哈顿最富有的前 5% 的居民收入超过 50 万美元，前 20% 的居民超过 30 万美元。然而，20% 最穷的居民每年拿回家的薪水，平均只有 8 855 美元。看看美国的贫富差距有多大吧！

对于这个问题，《纽约时报》的专栏作家大卫·布鲁克斯非常忧心，他把这个现象称为“赤裸裸的金融两极分化”。

> 一方面，美国有个有钱从事投资的阶层。这个阶层的人有延后课税的储蓄计划，还有成群的理财顾问为他们服务。（另一方面，）美国也有个靠买彩票来翻身的阶层，这个阶层的人没有机会加入 401（k）退休金计划，他们也不可能做理财规划，可是，他们却经常借钱、刷信用卡、买彩票……金融抑制的放松对受过良好教育的人意味着更多选择，但对最脆弱的人却意味着更多的诱惑和混乱。引导行为的社会规范已然变质。在过去几年里，美国人越来越关心环保和吸烟等议题，却不怎么关心金钱和债务等议题。

身为大卫·布鲁克斯口中所说的“有钱从事投资的阶层”的一员，我为自己的好运和节俭感到自豪。尽管我们都是文明的受惠者，但是我们还是要提醒自己，还有很多人并没有享受到文明的好处。《独立宣言》对我们的保证是：“人人生而平等，造物主赋予他们若干不可让予……的权利，其中包括生存权、自由权和追求幸福的权利。”

然而，我们虽然生而平等，却诞生在一个不平等的社会：家庭背景不平等，教育资源不平等，各种机会也不平等。即便如此，美国宪法也承诺了我们更多美好的未来。“我们人民”被要求“组成一个更完善的联邦，建立正义，保障国内安宁……促进大众福利，为我们自己和我们的子孙后代争取自由的福祉”。这些承诺，尤其是“组成一个更完善的联邦”“建立正义”“保障国内安宁”“促进大众福利”，不仅仅是说说，它们也代表我们这个时代所面临的挑战。

整体而言，如果以所有能“衡量”的东西来说，其实我们所拥有的已经足够了！美国人口只占全世界人口的4%，但美国人的产出占全世界总产出的21%，美国人的消费占全世界总消费的25%，美国人的收入占全世界总收入的26%。美国的财富是其他国家难以超越的，军事力量也一样，虽然发生在遥远国度的战争已经把美国的财富消耗掉不少。然而，美国的进口超过出口，储蓄率是全世界最低的（政府计算得出的储蓄率接近零），这使得美元在全球外汇市场上处于弱势，对美国的未来发展相当不利。

此外，美国经济的实际增长率（目前来说，每年约3%），落后于新兴大国中国（每年9%）和印度（每年6%）。虽然这些国家的高增长率来自较小的经济规模，也不可能一直持续下去，但我们还是要认清，美国不可能永远控制全球经济，也不可能永远控制全球的金融市场。

从贯穿本书的分析精神来看，虽然美国已经拥有很多，但我们的传统价值观似乎正在受到侵蚀，过不了多久，它们势必不再足够。我们千万不能忘记的是，一个国家长期的核心竞争力，不是物质，不是权力，也不是金钱，而是价值观，是我在这里描述的适用于我们社会的价值观：毅力、韧性、道德和品格。美国要有这些价值观，才能变得伟大。总之，我们国家的问题不在于是否拥有足够的金钱，或者拥有足够的生产性财富来维持和提高它的实力和在全球的影响力，而在于它是否拥有足够的品格、价值观和美德来做到这一点。[1]

门肯说过："金钱的主要价值在于人们生活在一个高估了金钱的世界里。"（他这段话可是在60年前说的，如果他生活在今天，不知道会怎么说。）这就是为什么我要告诉你们：能够计算、衡量和花掉的，只是足够的一小部分。综观全局，要理解足够的意义，我们一定要记住：生命中还有很多事物，尽管无法计算（就像爱因斯坦办公室中挂的那块牌子上写的），但是重要得很。

金钱并不是万能的，这让我想到了我在本书开头提到的故事。我终于查到了这个故事的源头，它来自一首诗，刊登在2005年的《纽约客》杂志上。这首诗很有趣，写得很好，字数也不多。

---

1 关于这一点，美国前总统比尔·克林顿说得很好："世界各地的人们总是对我们的榜样的力量印象更深刻，而不是我们的力量的榜样。"

我以名誉担保，这是个真实的故事：

约瑟夫·海勒，一位很重要也很有趣的作家，
如今与世长辞了，
我曾参加一场亿万富翁举办的宴会，
地点在谢尔特岛。
我说："乔，你知道吗，
宴会主人光是昨天赚的钱，
就比你靠《第二十二条军规》那本小说赚到的全部还多，
你有什么感想呢？"
乔说："我已经拥有了他永远无法拥有的东西。"
我说："乔，你到底拥有了什么他永远无法拥有的东西？"
乔说："我知道我拥有的已经'足够'了。"
说得好！愿你安息！

愿海勒与冯内古特安息（冯内古特在2007年初与世长辞了）。他们为世人带来欢笑，也为世人指出人类存在的诸多讽刺之处，戳破了世人过度膨胀的自我。不过，我们还不能安息，这个世界还有很多事情等着我们去完成，这些工作正等着兼具决心、勇气、聪明才智和理想的人去做，这种人是永远不嫌多的。

这个世界已经有足够多的憎恨、枪支、选举口号、傲慢、虚伪、自私、势利、肤浅和战争，也已经有太多人相信上帝

一定会站在我们这一边。然而，这个世界的爱心、良心、宽容、理想主义、公平正义和同理心却始终不够，这个世界的智慧、谦逊、“牺牲小我、完成大我”的精神、诚信、礼貌、诗意、欢笑、慷慨和灵性也始终不够。即使你读完本书后没有获得其他太多收获，也请你至少记住这句话：人生这场游戏，关乎的不是金钱，而是如何用尽全力打一场革新自我、革新社区、革新国家和革新世界的战役。

我的奥德赛之旅

在本书结束前，有首诗我希望你们读一读。我第一次接触这首诗是在前几年，当时我就觉得这首诗是为我写的（就像我在 1949 年那期《财富》杂志上看到的那篇谈美国企业道德观的文章一样）。那是丁尼生创作的长诗《尤利西斯》的一部分，描述的是冒险家非凡的探索旅程。我想用这首诗向你们说明（比我说的精彩多了）我这辈子所经历的精彩刺激的冒险，这一路上我品尝过的各式各样、五味杂陈的情绪，我也正在一心一意地等待着这一生尚未完成的最后几章。

尤利西斯以反思他的冒险之旅开始：

> 我不能停歇我的跋涉；我决心
> 饮尽生命之杯：我一生都在
> 体验巨大的痛苦、巨大的欢乐，

有时与爱我的伙伴一起，有时却独自一个。
我已经变成这样一个名字；
由于我如饥似渴地漂泊不止
我已见识了许多民族的城市
及其风气、习俗、议会、政府，
而我在他们之中最负盛名；
我和同僚们共饮战斗的欢欣。
我自己是我全部经历的一部分。

然后，他思考摆在他眼前的事情：

最单调最沉闷的是停留，是终止，
是蒙尘生锈而不在使用中发亮！
难道说呼吸就能算是生活？
几次生命堆起来尚嫌太少，
何况我唯一的生命已余年无多。
唯有从永恒的沉寂之中抢救，
每个小时，让每个小时带来一些新的收获；
可这灰色的灵魂却迫切地向往
去追随知识，像那西沉的星星，
到那人类思想极限以外的地方。
老年仍有老年的荣誉、老年的辛劳；
死亡终结一切：但在终点前，

我们还能做一番崇高的事业。

然后，尤利西斯决定接受最后一次任务，他召集追随者：

来呀，朋友们，探索更新的世界
现在尚不是为时过晚。开船吧！
坐成排，划破这喧哗的海浪，
我决心驶向太阳沉默的彼方，
超越西方星斗的浴场，至死方止。
尽管已达到的多，未知的也多啊，
虽然我们的力量已不如当初，
已远非昔日移天动地的雄姿，
但我们仍是我们，英雄的心
被时间和命运更新，意志却坚强如故，
奋斗、探索、寻求，而不屈服。[1]

“意志却坚强如故，奋斗、探索、寻求，而不屈服”，这句话是我这一生的写照。

没错，我的运气很好，我拥有的足够多。我拥有这辈子

1 在这首诗的倒数第二行，我冒昧地修改了丁尼生的诗句，他写道：“尽管被时间消磨，被命运削弱。”他从未想象过，一颗跳动的心脏能够从一个人的身体被移植到另一个人的身体里。

都花不完的财富、幸福美满的家庭，以及不少良师益友；我不仅致力于给投资者带来合理的收益，也致力于让世人了解我们的企业与金融体系存在许多严重的缺失与不平等。

足够了，我希望这句话能启发你们对人类的处境和渴望进行一些深入的反思，千万千万不要变得自满或纵容自己。希望这本书能够启迪你们每一个人，让你们找到更多美德，让你们和你们所爱的人生活得更充实、更愉快。

—

后　记

—

关于我的职业生涯

2007 年，我应邀到耶鲁大学举办的 CEO 领导力峰会发表演讲。我是与会人员中年纪最大的，所以，我就选了一个既能回顾过去，又能展望未来的演讲题目："我为什么还要战斗？"

当时，美国的电视编剧正在罢工，从理论上讲，来参加峰会的成员可能还蛮痛苦的，因为那段时间没有好笑的深夜谈话节目可以看。因此，我决定模仿《大卫深夜脱口秀》，用倒叙的表达方式陈述我的十大理由。

从搞笑的角度看，我的"十大"可能不怎么好笑（没办法，我主修的是经济学），但若要总结我这一生的动力来源，这"十大"倒是非常贴切。

10. 我为什么还要战斗？拜托，我知道为什么才怪。我不过是想做就去做，也不知道怎么停下来。

9. 因为，活了快 80 年的我，除了战斗，没做过别的事情。我小时候送过报纸，十几岁就开始打工，做过服务生（在很多地方）、售票员、邮局收发员、菜鸟记者、经纪公司的跑腿小弟等等，还在保龄球馆摆过球瓶（我在前面已经说过，那可真是一份看不到尽头的工作！）。我为了出人头地而战斗，为了获得别人的关注而战斗，为了创新而战斗，为了进步而战斗，为了服务社会而战斗，我甚至为了权力和声望而战斗。（还是承认吧！）我之所以努力写书，权力和声望也是部分原因。

8. 因为，我很崇拜历史上那些伟大的斗士，他们是我心目中的大英雄。像亚历山大·汉密尔顿、老罗斯福总统、伍德罗·威尔逊。呃，还有费城的洛奇·巴尔博亚。

7. 因为，所有的斗士到最后都会打败仗，我想努力成为例外。

6. 因为，在共同基金行业中，没有人在乎“受托责任的传统价值观”，也没有人想要兑现“好好为投资者服务”的承诺。而这些事情总得有人去做，它们正好落在了我的头上。

5. 因为，如果只有一名斗士孤军奋战，那么他会备受瞩目。如果你具有强烈的自我意识（像我一样），这就是额外的好处了。此外，这一行之外的人——我们的普通投资者，如互联网上的博格们，也给了我很大的支持，所以我才能坚持下去。

4. 因为，很不幸，我不能打壁球了，打高尔夫球也很吃力。

所以，我只能把运动场上的拼搏精神用到改善社会上。

3. 因为，我战斗的目标是正确的：为了分给“人民 / 投资者”合理的报酬，我要改革金融体系。不论从数学、哲学还是道德上来说，这都是正确的。你可以说我是理想主义者。和 57 年前撰写大学毕业论文那时相比，现在的我甚至还胜过当年。理想主义者怎么可能害怕战斗呢？
2. 因为，我很喜欢战斗时那种想要合作、竞争、挑战和革新的状态。用大诗人罗伯特·弗罗斯特的话来说就是，我的战斗是我和金融行业“情人之间的争吵”。
1. 因为，我天生就很爱战斗。我一生下来大人就给我灌输了出人头地的想法。这种生活需要一种激情，正如创造了不朽的拉什穆尔山总统雕刻的著名雕刻家格曾·鲍格勒姆所说：“人生就是一场战役。人们不晓得，一场漂亮的战斗能给一个人的灵魂和精神带来多大的力量。”

我想，我这样的灵魂和精神是永恒的，但我很清楚，我剩下的时间不多了。我会继续打拼，直到我的脑袋不再灵光，精力开始衰退。到那时候（我希望会是很多年后），我就会花时间来怀念我这一生所打过的战役。毕竟，就像古希腊诗人索福克勒斯所说：

直到夜幕降临，
人们才知白昼的辉煌。

致谢

这本书的灵感源自2005年冯内古特发表在《纽约客》杂志上的一首短诗。两年后，我在乔治敦大学的毕业典礼上发表演说，演说的灵感就来自那首短诗。接着，那首短诗又给了我灵感，让我去思考“足够”这个观念是否能用在金钱（那首短诗的重点）以外的地方，是否能涵盖企业经营和人生。（我必须郑重澄清，我在本书中谈到的都是我的个人看法，不一定代表目前先锋领航集团管理层的看法。）

我在思考这个问题的同时很快就发现，这些观点我已经断断续续地想了至少10年；事实上，我从年轻时就开始想了。这些年我做了很多场演讲，那些演讲好像是为这本书而讲的。大多数演讲内容我都没有出版过，因此，如果把这些想法（有些很旧，有些很新，但都和“足够”这个主题有关）写成一本书，这些想法就能永远流传下去。

然而，我得老实说，本书所陈述或引用的话，有几段（大概有6段吧）在以前的著作中已经出现过了。对于要不要把已经引用的话用到这本书上，我确实犹豫了很久，不过后来就想通了。如果我第一次说的是对的（而且可以用来阐明本书的主题），不坚持原来的说法就太笨了。

我要谢谢霍华·米恩斯，他协助我整理了本书全部的素材。我也要谢谢阅读过本书原稿的三位读者，他们的批评让我获益良多。一位是威廉·伯恩斯坦，他是神经科专家、投资顾问，同时也是一位高产作家，他最新的作品是《伟大的贸易》。另一位是安德鲁·克拉克，他是先锋领航集团的高管，10年前和我合作过《共同基金常识》。还有一位是埃利奥特·麦古金，他是佩珀代因大学的博士，他的课程“艺术创业与技术中的英雄之旅”致力于宣扬古典理想对我们当代生活的现实意义。

我也要感谢先锋领航集团博格金融市场研究中心的同事们，如果没有他们的协助，我是不可能完成这本书的。因此，我要特别感谢埃米莉·斯奈德和萨拉·霍夫曼的付出，他们一直争分夺秒，不仅要辛辛苦苦地辨识我那鬼画符般的笔迹，还得录入、打印，最后进行编辑。我也要感谢凯文·劳克林过去9年来的付出，他一直担任我的助理，他的表现可圈可点，不管我需要什么样的研究报告，他都能如期提交，他也会帮忙改错，提供很有用的编辑建议，这让本书变得更为出色。最重要的是，每位同人都是秉持着无穷的耐心、愉悦和专业来做事的。

说到耐心和愉悦，我也要感谢我的夫人伊芙。我和她结婚52年了，这么多年来，她始终关心我、支持我，不管日子过得好还是不好，她都对我不离不弃，尽管她不时抱怨我老是在工作、演讲和忙于著述。当然，她是有权抱怨的！

约翰·博格